Monika Boette

Die kleine Straße

Monika Boette

Die kleine Straße

oder

Eine Kindheit in München

Roman

Langen Müller

Umschlaggestaltung: Günter Hugo Magnus, München
Gesamtherstellung: Ludwig Auer, Donauwörth
ISBN: 3-7844-1871-6

Inhalt

Geborgen in einer Muschel

München liegt, so stand es in meinem Heimatkundebuch von 1947, auf der schwäbisch-bayerischen Schotterhochebene. Weil wir Kinder uns nichts Rechtes unter Schotterhochebene vorstellen konnten, gleichwohl aber von dem Wort fasziniert waren, marschierte das Fräulein Lehrerin mit ihrer zweiten Volksschulklasse kurzentschlossen auf die Maximiliansbrücke und ließ uns hinunterschauen ins Flußbett der Isar.
Die floß, wie immer im Hochsommer, träger als sonst dahin und führte wenig, jedoch, wie es im Liede heißt, grünes Wasser mit sich.
Die Uferbänke aus Kies verschafften uns einen Eindruck davon, was Schotter bedeutet.

In Bayern, in Altbayern, in München, auf eben dieser Schotterebene, überspannt von einem Himmel, von dem ein aus der Isarstadt irgendwohin Verschlagener heimwehkrank meint, er sei nur über den Frauentürmen so blau, so leuchtend, so voller Wattewolken, steht das Haus, in dem ich aufgewachsen bin, in dem schon meine Mutter geboren wurde.

Im Speicher fanden sich verschiedene Urkunden, aus denen die Geschichte des Hauses hervorgeht.
Eine Urkunde des Justizrates Dr. Friedrich Weber, kö-

niglich bayerischer Notar, erwähnt es zum ersten Mal: Es wurde 1891 von der Schuhmachermeisterswitwe Maria Schellkopf der Katholischen Stadtpfarrkirchenstiftung Haidhausen vermacht und nach dem Tod der Schellkopf versteigert.
Der königliche Stadtpfarrer Joseph Spengler und der Fabrikant und Kirchenpfleger Michael Huber fungierten dabei als Vertreter der Stiftung.
Für siebentausend Mark ging das Haus an der Jugendstraße 1 samt Keller, Holzhütte, Abtritt, Hofraum und Brunnen an wiederum einen Schuhmachermeister, der Michael Wiesmaier hieß und es kurz vor seinem Tod seiner Frau Rosina vererbte.

Von der Witwe Rosina erwarben meine Großeltern, die Möbelpackersehegatten Leonhard und Therese Dickenherr, 1907 für zehntausend Mark, Goldmark, einen Besitz, der in der Urkunde des Verwesers des königlichen Notariats München XII vom 21. Juli 1907 folgendermaßen beschrieben wird:
Anwesen an der Jugendstraße 1, bestehend aus Wohnhaus, Holzlege mit Abort, Hofraum mit Pumpbrunnen.
Die Identität meines Großvaters wurde durch Vorzeigen seines Militärpasses festgestellt.

»Zehntausend Goldmark war damals viel Geld«, sagte meine Mutter jedesmal, wenn sie mir von ihren Eltern und ihrer Kindheit erzählte. Und sie betonte, daß Häuser, wie in den alten, handgeschriebenen Urkunden zu lesen, damals nicht in, sondern an einer Straße standen. Unseres eben an der Jugendstraße.

Das Haus hat sich in nahezu einem Jahrhundert so verändert, daß die Besitzer von 1891 es wohl nicht wiedererkennen würden, ebensowenig wie den Stadtteil Haidhausen und München. Die Welt ist eine andere geworden. Aber die Jugendstraße blieb, wie sie war: kurz und schnurgerade. Sie führt von West nach Ost und zeichnet sich eigentlich nur dadurch aus, daß es immer in ihr zieht. Der Wind pfeift vorne um die klobige neugotische Johanniskirche herum und rast dann an den Häuserzeilen entlang bis an deren Ende, wo er seit einem Jahr auf eine Mietskaserne aufprallt; früher konnte er ungestört über einen freien Platz auslaufen und das geheimnisvolle Kloster der Schwestern zum Guten Hirten erreichen. Es soll dort Nonnen gegeben haben, die niemals ihre Zelle verließen und niemals wieder, nachdem sie hinter den Mauern des Klosters verschwunden waren, ein Wort gesprochen haben, die täglichen Gebete ausgenommen.

Klöster und Kirchen gibt es viele in Haidhausen und Wirtshäuser auch. Glasscherbenviertel hat man es bis vor kurzem verächtlich genannt, und wer auf sich hielt, zog da nicht hin. Mittlerweile üben jedoch die kleinen Gassen mit niedrigen Häusern, die großen Straßen mit Ahornbäumen vor Gebäuden aus der Gründerzeit, die unzähligen Einzelhandelsgeschäfte, die Handwerks- und Kunsthandwerksbetriebe eine gewisse Faszination aus auf Leute, die nicht Anonymität suchen im Leben, sondern Gemeinsamkeit, Geborgenheit.

Das Haus meiner Großeltern, dann meiner Eltern, schließlich meines, hat seine Besitzer und Bewohner immer schützend, wie eine Muschel umschlossen.

Zehntausend Goldmark für ein Haus: die Großeltern

Mein Großvater, ein Bauernsohn aus dem Ries, der den Hof des Vaters nicht erben konnte, weil er nicht der Älteste war, arbeitete als königlich bayerischer Möbelpacker in den Diensten seiner Majestät, des Prinzregenten Luitpold, trug stolz einen hochgezwirbelten Schnurrbart und hatte in meiner Großmutter eine Frau gefunden, die fleißig und tüchtig, vor allem geschäftstüchtig war. Die kleine Summe, die meinem Großvater als Anteil am elterlichen Hof ausbezahlt worden war, hatte sie beharrlich vermehrt und so lange gespart, bis sie das Haus in der Jugendstraße kaufen konnte. Es ist das zweite auf der linken Seite, obwohl es die Nummer eins trägt. Das erste, ein Kloster, vorne an der Ecke, gehört zum Johannisplatz. Mallersdorfer Schwestern erziehen dort, heute wie damals, Knaben. »Maria-Theresia-Anstalt« steht über der Türe, und darunter »Knabenheim«. Nummer eins nahm sich winzig neben dem fünfstöckigen Klostergebäude aus, duckte sich daran, schmal und niedrig, nur sieben Meter lang, ein Parterre mit Dach. Meine Großmutter legte besagte zehntausend Goldmark dafür bar auf den Tisch. Als das Haus ihr gehörte, begann sie, es umzubauen, aufzustocken, auszuweiten. Sie brauchte Platz für sich und ihren Mann, für den Sohn Karl, den sie schon vor der Ehe gehabt hatte – niemand hat je erfahren, woher –, und ihre kleine Tochter Resi, die ehelich geboren war. Meine Mutter Anna kam erst zur Welt, als der Umbau fertig und das Häuschen in ein zweistöckiges Haus mit rückwärtigem Anbau verwandelt worden war. Die Familie meiner Großeltern wuchs nach Ankunft der kleinen Anna um noch ein weiteres Mitglied: die Kinderfrau. Sie hieß Herrmann und sorgte von nun an liebevoll und energisch zugleich dafür, daß Karl, Resi und Anna ordentlich aufwuchsen. Der Großmutter fehlte die Zeit für ihre Kinder. Üppig und hübsch, heiter und resolut führte sie eine Gastwirtschaft an der Ecke der Jugendstraße gegenüber der Johanniskirche und kam nur am Nachmittag für ein paar Stunden nachhause, trank Kaffee mit Frau Herrmann und rastete. Jeden Mittwoch ging sie in die Stadt zu den Komikern. Sie preßte ihre große, stattliche Figur in ein Korsett, zog eine Rüschenbluse darüber, setzte einen prächtigen, blumengeschmückten Hut auf, vergaß nicht die langen Spitzenhandschuhe und den bestickten Ritterkui (so hatten die Bayern das französische Wort für Arbeitsbeutel – Ridikül – eingedeutscht und aufgewertet), um in den Redoutensälen an der Prannerstraße die Komiker anzuschauen.

So erzählte es meine Mutter, wenn sie von ihrer Kindheit redete, die arm, aber lustig gewesen sein muß. Arm nur im Vergleich zu heute, denn damals, vor dem ersten Weltkrieg, waren meine Mutter und ihre Geschwister im Gegensatz zu den meisten anderen Haidhauser Kindern sogenannte bessere Kinder. Sie bekamen zum Beispiel am Samstag Nachmittag eine Wiener Wurst.
Mein Großvater befand sich oft die ganze Woche über mit Pferden und Fuhrwerk unterwegs, transportierte Möbel, Jagdausrüstungen, Kleider, Proviant, Geschirr –

von einem Schloß, von einem königlichen Landsitz zum anderen. Besonders fürchtete er die harte, beschwerliche Tour hinter in die Jachenau, wo der Prinzregent ein Jagdhaus besaß. Da kam es im Winter vor, daß sich die Männer zu den Rossen vor den Wagen spannen mußten, um die steilen, vereisten Makadamstraßen zu erklimmen. Gearbeitet wurde werktags von morgens sieben bis abends sechs Uhr und jeden Samstag bis zwei. Erst dann begann für meinen Großvater die feiertägliche Ruhe. Er setzte sich an den Kaffeetisch, zog an der Pfeife und schlief schließlich auf der Ottomane ein. Draußen auf der Straße spielten die Kinder. Wenn sie zu laut schrien und lachten, streckte wohl einer der Anwohner den Kopf aus dem Fenster und rief ihnen zu, sie sollten machen, daß sie wegkämen. Die Kinder stoben augenblicklich davon, rannten auf die Wiesen, links und rechts von der Kirche. Keines hätte gewagt, den Gehorsam zu verweigern oder gar einem Erwachsenen das Maul anzuhängen.

Wenn mein Großvater ausgeschlafen hatte, bürstete er Haare und Schnurrbart, zog den guten Anzug an, stellte sich unter die Haustüre und pfiff scharf, das Zeichen für Anna schleunigst heimzukommen. Sie war klein und flink wie ein Wiesel. Samstags rannte sie besonders schnell, denn sie durfte mit hinübergehen in den Hofbräuhauskeller, eine Gastwirtschaft, die dem Braugebäude angeschlossen ist. Bis in die Jugendstraße riecht man das Malz, wenn das Wetter umschlägt und der Wind auf West dreht. Annas Vater setzte sich im Sommer, wenn es nicht regnete, zusammen mit anderen Männern, alle sauber gekleidet wie er, im weitläufigen Wirtsgarten unter die Kastanienbäume, bestellte ein Bier, rauchte, politisierte und kaufte jedem seiner Kinder eine Wiener Wurst.

Den in der Jugendstraße und auf dem Johannisplatz zurückgebliebenen Spielkameraden mußte Anna später erzählen, wie sie geschmeckt hatte, und jeden Samstag lief ihnen das Wasser im Mund zusammen.

Spielzeug kannten die Haidhauser Kinder kaum. Daß Resi einen Kreisel besaß, eifersüchtig darüber wachte und Anna ihn ihr trotzdem immer wieder stibitzte, war möglicherweise die Ursache zum lebenslangen, nicht immer ernsthaften, jedoch lautstarken Gezänk der beiden Schwestern. Resi, sechs Jahre älter als Anna, konnte mit der Kleinen nicht viel anfangen. Als Anna noch mit Schussern im Schürzentascherl auf den Johannisplatz lief, genoß Resi bereits den Trubel der verrückten zwanziger Jahre, hatte sich zu einer schier atemberaubenden Schönheit entwikkelt und litt keinen Mangel an Verehrern. Anna aber schusserte, wenn dafür auch wenig Zeit blieb. Der Großvater hielt auf strenge Erziehung, und so selbständig und energisch die Großmutter sonst war, in der Familie hatte er das Sagen. Die Kinderfrau Herrmann mußte darauf achten, daß die Hausaufgaben ordentlich gemacht waren, ehe die Kinder hinaus auf die Straße durften. Und beim ersten Glockenschlag des abendlichen Gebetläutens von der Johanniskirche, die damals mit ihren rosettengeschmückten Türmen und dem Filigranwerk aus Stein schöner war als heute, endeten die Spiele abrupt. Jeder Bub und jedes Mädchen lief auf schnellstem Weg nachhause. Beim letzten Glockenschlag mußte man dort sein. Das war gar nicht einfach. Es gab viele geheimnisvolle Hinterhöfe in Haidhausen, die die Kinder zu Entdeckungen reizten, viele verwinkelte Ecken und Treppen in den alten Mietskasernen, Gärten vor und hinter den Herber-

gen, jenen kleinen, niedrigen Häusern, die von mehreren Parteien bewohnt und zugleich besessen wurden, gleichsam Vorfahren der heutigen Eigentumswohnungen.
Wenn Großvater zuhause war, mußte meine Mutter nach dem Abendessen hinüberlaufen in die Wirtschaft der Großmutter und in einem bauchigen gläsernen Krug mit Zinndeckel Bier holen. Großvater selber ging nicht gern hin; er war froh, nach dem langen Arbeitstag endlich in den eigenen vier Wänden zu sitzen.
Viele Kinder befanden sich bei Einbruch der Dämmerung mit einem Krug unterwegs. Flaschenbier kostete pro Liter zwei Pfennig mehr, nämlich dreißig, anstatt der achtundzwanzig, die man für einen Liter Bier vom Faß ausgeben mußte.
Anna, alles in allem genommen brav, tat gehorsam und flink, was man von ihr verlangte. Mit dem Krug in der Hand verließ sie das Haus, überquerte die Straße und eilte auf die Gastwirtschaft zu, vor deren Eingangstüre eine Gaslaterne stand.
»Anna«, rief es an einem Abend hinter ihr her, »Anna, schau, was ich hab'!«
Im Laufen drehte sie sich um – und schon krachte es. Sie war mit voller Wucht und mitsamt dem Krug gegen einen Laternenmast geprallt und hatte sich den Kopf gewaltig angeschlagen. Das mit dem Kopf war nicht so schlimm. Er tat weh, sie konnte es aushalten. Das eigentliche Malheur war der in Stücke zersprungene Krug. Anna hielt nur noch seinen Henkel in der Hand. Der Rest lag in Scherben auf dem Boden.
»Wir schleifen den Henkel am Randstein glatt«, sagte das Kind, das gerufen hatte, »und dann sagst du, der Krug ist einfach von allein weggefallen.«

Der Henkel ließ sich nicht glatt schleifen und der Großvater den Bären nicht aufbinden. Anna erhielt eine Tracht Prügel, schrie ihren Schmerz über den brennenden Popo und den hämmernden Kopf laut heraus, erbrach sich und verbrachte die nächsten acht Tage im Bett, um die Gehirnerschütterung auszukurieren. Großvater und -mutter bangten um sie, der Krug geriet darüber jedoch nicht in Vergessenheit. Das Geld für einen neuen sollte hereingespart werden. Gelegenheit dazu fand die Großmutter Jahre später, als Annas erste heilige Kommunion bevorstand. Sie bekam ein weißes Kleid mit vielen Säumen unten herum, damit man es später, wenn es eingefärbt und zum Sonntagskleid geworden war, unendlich würde verlängern können, eine dicke weiße Kerze, silberverziert und mit einer Schleife daran, und einen Kranz aus künstlichen Blumen.
Nur eines bekam sie nicht: weiße Halbschuhe. Alle anderen Kinder, sogar die ganz armen, erhielten welche. Anna bekam harte, zwei Nummern zu große, braune Lederschnürstiefel.
»Die brauchst du«, sagte die Großmutter, »und außerdem halten sie die nächsten fünf Jahre und groß genug zum Hineinwachsen sind sie auch.«
Die Kommunionkinder füllten die vorderen Bänke der Kirche, links die Mädchen, rechts die Buben. Die Kerzen brannten, manchmal fiel eine aus dem Halter und verursachte Unruhe und Aufregung. Schließlich war es so weit. Jedes Kind trat einzeln in den Mittelgang und ging langsam, die Hände fromm gefaltet, vor zur Kommunionbank. Sie hatten das geübt. Trotzdem starben die Kinder beinahe vor Aufregung und Angst. Die Eltern bekamen feuchte Augen. In der Kirche verbreitete sich

andächtige Stille. Gerade diesen Augenblick hatte meine Mutter am allermeisten gefürchtet, denn als sie an die Reihe kam, durchbrach das laute Knarzen ihrer Stiefel die heilige Andacht. Anna vergaß den gemessenen, von der Lehrerin einstudierten Schritt, sie vergaß auf die Andacht und auf den lieben Gott. Sie hörte nur noch ihre Schuhe und rannte zur Kommunionbank so schnell es ging, empfing bleich, wie alle anderen, die Hostie und weinte bittere Tränen, als sie, in die Bank zurückgekehrt, zusammengekauert, die Hände vor dem Gesicht, den Kopf tief herabgebeugt, mit dem lieben Gott sprach, der ganz nah bei ihr sein mußte, wie der Religionslehrer es erklärt hatte, der aber stumm blieb und keine Antwort darauf wußte, warum ausgerechnet sie keine weißen Halbschuhe tragen durfte, sondern ihre Füße in diesen scheußlichen, beinernen Stiefeln stecken mußten. Sie nahm sich vor, niemals in sie hineinzuwachsen. Was das anbetraf, wurde sie vom lieben Gott unterstützt. Ihre Füße blieben klein und zierlich.

1914 kam meine Mutter in die Schule. Dem Großvater wurde im gleichen Jahr eine Uniform verpaßt, eine Pikkelhaube aufgesetzt und ein Gewehr in die Hand gedrückt. Es liegt noch heute verstaubt auf dem Dachboden, die schönen Beschläge sind verrostet. Der königlich bayerische Möbelpacker, für den es nach dem Krieg keinen König mehr geben würde, zog ungern ins Feld, zeigte sich weder besonders mutig, noch besonders patriotisch. Er ging halt, weil er mußte. Kaum war er draußen an der Front, lief ihm sein angeheirateter Sohn, den er adoptiert hatte, mit gerade sechzehn Jahren als Freiwilliger nach. Die Großmutter hatte versucht, ihn aufzuhalten, weinte, tobte, flehte. Umsonst. Karl war wild auf das Abenteuer Krieg, und als man ihn verwundet nach Hause schickte, ließ er sich kaum Zeit zum Gesundwerden und meldete sich, sobald es ging, wieder zu den Soldaten. Verzweifelt, mehr noch, wütend, ging seine Mutter zum Notar, machte ihr Testament und enterbte den Sohn ein für allemal.

Anna interessierte sich nicht sonderlich für diesen Bruder. Das einzige, was ihr an ihm imponierte, war, daß er sechs Musikinstrumente beherrschte, sogar Trompete. Einen Lehrer hatte er dafür nicht gebraucht, er war Autodidakt. Trompeteblasen übte er auf dem Speicher, weil er glaubte, dort die Nachbarn am wenigsten zu stören. Seine Mutter ging indessen von Haus zu Haus und entschuldigte sich bei den Leuten für den Krach. Mehr konnte sie nicht tun, ihr Sohn ließ sich vom Musizieren so wenig abhalten, wie vom Kriegspielen.

Die Wirtschaft an der Ecke der Jugendstraße florierte nicht mehr. Die Männer waren im Feld, die Zeiten schlecht. Es gab Lebensmittelkarten, aber keine Lebensmittel, die Kohlen wurden knapp, die Winter besonders lang und kalt. Meine Großmutter sperrte ihre Gastwirtschaft zu. Aber sie war nicht die Frau, die Hände in den Schoß zu legen. In der Kirchenstraße gab es ein katholisches Gesellenhaus. Es grenzte mit seinem Garten hinten an unser Haus. Jetzt heißt es Kolpinghaus und beherbergt anstelle von Handwerksburschen Angestellte und Studenten. Mallersdorfer Schwestern stehen ihm vor. Männer, die zu alt für den Krieg, und Burschen, die noch nicht alt genug waren, wohnten in den Jahren 1914 bis 1918 unter dem Dach der Nonnen, die auch eine Gastwirtschaft betrieben. Geschickt manövrierten die Klosterfrauen sich und die ihnen Anvertrauten durch die Unbill der Zeit und den Krieg. Sie beteten und bettelten, sie mengten und mischten und sie erhielten und besaßen. In ihrer Wirtschaft gab es volle Töpfe und volle Tische. Nur eine gute Bedienung fehlte. Meine Großmutter handelte mit den Nonnen ihren Lohn aus, bestehend aus Geld und Fressalien, errechnete, wieviel sich an Trinkgeld daraufschlagen würde, krempelte die Ärmel auf und begann in der Klosterwirtschaft zu arbeiten.

Und schließlich ging dann auch der Krieg zu Ende. König Ludwig III. machte sich wenig rühmlich davon, die Soldaten kehrten als Zivilisten heim, die Revolution mit ihren Wirren, die Räterepublik, Straßenkämpfe, Morde und Erschießungen überfluteten Bayern bis hin zum 15. September 1919, an dem die Verfassung des Freistaates in Kraft trat und das Leben neu begann.

Im Gesellenhaus wohnten an die hundert Männer, Handwerker aller Sparten. Abends saßen sie beisammen, redeten, tranken und kamen auf die Idee, einen Theaterverein zu gründen. Sie nannten ihn Arbeiterverein. Aber wie es so geht, während heftiger Diskussionen über Stücke, über mögliche Regisseure aus den eigenen Reihen, über dies und jenes, entzweiten sie sich. Da entschloß sich eine Gruppe, aus dem Arbeiterverein auszutreten und einen neuen Verein, den Gesellenverein, zu gründen. So besaß Haidhausen plötzlich zwei Theatervereine voller Männer. Immer mehr drängten sich hinzu, junge und alte, auch solche, die nicht im Gesellenhaus wohnten und froh waren, einen triftigen Grund vorweisen zu können, um sich vom häuslichen Herd wegzustehlen. Die Inflation nahm immer bedrohlichere Ausmaße an, 1922 kostete ein Pfund Brot zweihundertvierzig Mark. Da tat es gut, sich abzulenken. Mangelware auf der Bühne waren die Frauen; plötzlich sahen die jungen Haidhauserinnen sich allseits umworben. Resi stieg, obwohl absolut unbegabt, auf zum großen Star, besaß doch keine andere eine so schöne Figur, so strahlende blaue Augen und so glänzendes, dickes goldenes Haar wie sie.

Die kleine Anna durfte manchmal, nach langem Betteln, eine Theaterprobe ansehen und ab und zu sogar eine Aufführung. Da stand sie dann, ohne sich anzulehnen, zwei Stunden lang hinten im Saal auf einem Stuhl und starrte gebannt und verzaubert nach vorn auf die Bühne, auf der ihre große, schöne Schwester unbeholfen agierte.

Am Tag nach solchen Aufführungen pflegte sich aber auch Anna ihren Auftritt zu verschaffen. Sie zog die Kleiderschürze ihrer Mutter an, die ihr bis zu den Knöcheln reichte und das Abendkleid vorstellen mußte, stahl einen der Blumenhüte und umschmeichelte Frau Herrmann, bis diese ihr lange seidene Handschuhe lieh, die sie als frühere Handschuhnäherin in ihr Rentnerinnendasein herübergerettet hatte. So ausstaffiert betrat meine Mutter nun ihre Bühne, die Jugendstraße, wo schon ein Haufen Kinder, von denen keines je ins Theater gehen durfte, auf sie wartete. Sie führte ihnen temperamentvoll und beinahe vollständig das ganze Stück vor, das sie tags zuvor gesehen hatte, besonders ausführlich die Rolle der großen Schwester.

Eines Tages passierte, was passieren mußte. Anna war gerade im besten Zuge, als Resi sich unbemerkt in die Kinderschar mischte und, kochend vor Wut, mitansehen mußte, wie die Kleine, das dumme Kind, ihren Part viel besser spielte, als sie es vermochte, ja so gut, daß sich der junge Mann, der Resi begleitete und der sich als Regisseur im Theaterverein betätigte, begeistert durch die Menge drängte und Anna fragte, ob sie nicht sofort auf der Bühne mitmachen wolle. Anna kam nicht dazu, ihm zu antworten. Ihre wütende Schwester stürzte auf sie los, riß ihr den Hut vom Kopf, packte sie an der Hand und schleifte die lauthals Schreiende nachhause, damit sie vom Vater eine kräftige Tracht Prügel bezöge. Die Geschichte ging schließlich so aus, daß Resi beim Gesellenverein und Anna beim Arbeiterverein Theater spielten.

Doch noch war es nicht so weit. Meine Mutter tat den für die damalige Zeit großen und für ein Haidhauser Arbeiterkind gewaltigen Schritt von der Volks- auf die Mittelschule. Sie besuchte das »Anger«, die Mädchenmittelschule der Armen Schulschwestern und – gewann eine neue Freundin. Anstatt in den Haidhauser Hinterhöfen zu spielen, ging sie nun nachmittags zum Tee zu Charlotte Cherbouillon in die Prinzregentenstraße. Tee hatte Anna bis dahin nie getrunken. Die Großmutter lehnte ihn als fade Brühe ab. Sie kochte in der Früh für die Familie Feigenkaffee, weil er gesund und billig war, und nachmittags für sich und die alte Frau Herrmann Bohnenkaffee – ein Luxus gewiß, den sie sich jedoch leisten wollte und konnte. Die Kinder bekamen Milch. Tee wurde für dekadent gehalten.
Anna genoß die neue Schule und vor allem die Schulbibliothek. Wenn da auch viele Bücher über die katholische Kirche und ihre Heiligen standen, die sie selbstverständlich las, so fand sich dazwischen doch ein großer Teil der

Weltliteratur. Ohne ausgeklügeltes System, schlicht und einfach alphabethisch, fraß das Kind sich durch, der Reihe nach, von Aristophanes bis, soweit vorhanden, Zola. Was sie bewegte, ihre Probleme, Fragen, die sich aus der Welt der Bücher ergaben, besprach sie mit der neuen Freundin Charlotte.

Die große Wohnung der Familie Cherbouillon in der Prinzregentenstraße eröffnete meiner Mutter eine wunderbare, nie gesehene Welt; Teppiche überall, bodenlange Plüschvorhänge mit Schabracken, Kristallüster, wertvolle Barockmöbel, Möbel im Jugendstil, kostbare Vasen, Stuck an den Wänden und in einem Käfig ein Papagei. Er krächzte böse, sobald die Kinder sich ihm näherten, schlug mit den Flügeln und versuchte, sie in den Finger zu beißen. Wenn sich die Mädchen allein in der Wohnung aufhielten, rächten sie sich und stachen mit einer Gabel durch die Gitterstäbe des Käfigs auf das Tier ein, wohlig überrieselt von einem leichten Gruseln: sie waren nicht sicher, ob der Vogel, der sprechen konnte, nicht der Mutter von Charlotte alles erzählen würde.

»Der Papagei«, sagte Charlotte, »ist der Geist von Napoleon.«

Anna lachte.

»Du darfst nicht lachen. Es ist so. Abends, wenn meine Eltern Gäste haben, löschen sie das Licht, stellen den kleinen Tisch dort in die Mitte des Zimmers, legen die Hände darauf, rücken den Käfig nah heran und beschwören die Geister.«

»Was für Geister?«, Anna hielt den Atem an.

»Alle möglichen, den Geist von Napoleon zum Beispiel, den von Casanova, den des Medici-Papstes, den von Rousseau.«

»Und was machen die Geister? Sind sie hier? Im Zimmer?«
»Ja.«
»Wie sieht Casanova aus?«
»Das weiß ich nicht, man kann ihn nicht sehen, man hört ihn nur.«
»Wieso?«, Anna verstand nicht.
»Genau weiß ich es auch nicht«, sagte Charlotte, »ich weiß nur, daß sie die Hände auf den Tisch legen und Fragen stellen und dann antwortet der Tisch.«
»Unsinn, ein Tisch kann doch nicht reden.«
»Er redet nicht, er rückt.«
»Und das glaubst du?«, Anna lachte. »Sie rücken ihn.«
»Nein, er rückt, von selbst, sie tun nichts. Und je nachdem, wie oft er rückt, wissen sie, was er sagt. Und außerdem: meine Mutter ist ein Medium.«
»Was ist das, ein Medium?«
»Aus einem Medium sprechen die Geister.«

Anna kam tief verstört nach Hause. Ihrer Mutter, die die Familie Cherbouillon schon des Tees wegen nicht mochte, wagte sie nichts zu erzählen. Was würde sie sagen, wenn sie das von den Geistern erführe? Welch großes Geheimnis! Anna trug schwer daran, konnte nicht damit fertig werden, kroch abends zur Schwester ins Bett und erzählte flüsternd von dem Papagei, der Napoleon sein solle, und von dem Tischchen, das ganz allein durchs Zimmer hüpfe, und von Frau Cherbouillon, dem Medium, aus dem die Geister sprechen.
Resi hatte von solchen Dingen gehört, aber Genaueres wußte sie auch nicht. Sie platzte schier vor Neugier. »Morgen abend, nach Büroschluß, hole ich dich in der

Prinzregentenstraße ab«, sagte Resi, »vielleicht ist Frau Cherbouillon zuhause, vielleicht spricht sie mit mir, vielleicht . . .«
Vielleicht habe ich bei ihr ebenso Erfolg, wie bei anderen, dachte Resi, setzte auf ihre Schönheit und irrte sich nicht. Frau Cherbouillon wollte das Mädchen sogleich in ihrem Kreis haben. Sie war eine aparte, geistreiche Frau, nobel und ein wenig verrückt, wie sie wußte. Sie vertrug fremde Schönheit durchaus neben sich, ja, es reizte sie, ihr Haus mit dieser Bürgerstochter zu schmücken, und so lud sie das Mädchen zu ihrer nächsten Soirée, wie sie sich ausdrückte, ein.
Nun war es an Anna, vor Neugier zu platzen, während sie die halbe Nacht auf die Rückkehr ihrer Schwester wartete. Sie hielt sich mit Lesen wach.
Licht durfte sie keines machen, die Eltern waren sparsam, und an der strengen Erziehung hatte sich mit dem Übertritt in die Mittelschule nichts geändert. Anna mußte nach wie vor um acht Uhr ins Bett. Ihr kleines Zimmer lag nach vorne, zur Straße, und gerade gegenüber dem Fenster hing die Straßenlaterne. Von März bis Oktober konnten späte Passanten ein kleines Mädchen beobachten, wie es, weit aus dem Fenster gebeugt, beim Schein dieser Laterne las.
Als die Schwester endlich, lang nach Mitternacht, heimkam und Anna sie mit Fragen überfiel, reagierte Resi abweisend und unfreundlich. Sie war so verwirrt, daß sie nur barsch sagte:
»Laß mich in Ruh, das verstehst du ja doch nicht.«
»Du bist gemein«, sagte Anna.
»Sei still«, sagte Resi.
»Ich war zuerst dort, ich hab' dich hingeführt, damit du

mir alles erklärst, und jetzt, wo du es weißt, sagst du nichts.«
»Nicht so laut«, zischte Resi.
»Was war los, erzähl'!«, schrie Anna.
»Das begreifst du nicht, du bist viel zu dumm dazu.«
»Ich bin klüger als du, du bist nur älter«, zeterte Anna.
Da packte Resi die Kleine und riß sie an den Haaren, Anna schrie, wehrte sich und griff ihrerseits zu. Beide vergaßen, daß die Eltern nebenan schliefen.
»Was ist hier los?« Der Vater stand in der Tür.
»Sie erzählt nicht, wie es beim Tischerlrucken war«, heulte Anna außer sich vor Zorn, »ich habe sie hingebracht, und nun will sie nicht sagen, wie es ist, wenn der Geist von Napoleon kommt.«
»Was Geist, was Tischerlrucken?« Die Mutter war dazugetreten. »Wo treibt ihr zwei euch denn rum? Was sind das für gottlose Reden, die ihr da führt?«
»Es ist nichts«, sagte Resi schnell.
»Nichts«, echote Anna.
Aber da waren sie bei ihrer Mutter gerade an die Rechte gekommen: »Heraus mit der Sprache, oder . . . «, sie hob drohend die Hand.
Anna gab, immer noch heulend, den Teil des Geheimnisses preis, der ihr bekannt war, und Resi fügte stockend die Erlebnisse der vergangenen Stunden hinzu.
»Gott sei uns gnädig«, sagte die Mutter und bekreuzigte sich, »das sind ja saubere Geschichten. Geister beschwören! Den Toten ihre Ruhe nicht lassen. Ich hab' mir ja gleich so was gedacht. Wenn die Leute schon Tee trinken.«
Sie standen da, alle vier im Nachthemd. Die Haare der Mutter, sonst zu einem Knoten aufgesteckt, hingen lang

und schon von grauen Strähnen durchzogen, auf den Rücken herab. Der Vater sah seltsam aus. Anna dachte, daß der Schnurrbart nicht gut mit dem langen Nachthemd zusammenpasse und hätte beinahe lachen müssen, wenn der Vater nicht abschließend böse gesagt hätte: »Ich glaube Anna, es ist besser für dich, du spielst wieder mit den Kindern aus der Nachbarschaft. Und dir Resi, muß das Theaterspielen als Unterhaltung reichen, Tischerlgerückt wird nicht mehr. Basta.«

Anfang Oktober, im Sternzeichen der Waage geboren, war meine Mutter mit fünf Jahren in die Volksschule gekommen, danach in die Mittelschule, um sie fünfzehnjährig, im Jahr der Inflation 1923, wieder zu verlassen. Ein Pfund Brot kostete zweihundertsechzig Millionen Mark, ein Ei achtzig Milliarden. Die Großeltern verloren ihre gesamten Ersparnisse, Annas Bruder trat der SPD bei und Resi wurde nach Geiselgasteig zu Probeaufnahmen für den Film bestellt. Die Großmutter schlug die Hände über dem Kopf zusammen, jammerte um das verlorene Geld, schämte sich halb zu Tod wegen ihres Sohnes, der am ersten Mai mit einem roten Blümchen im Knopfloch durch die Jugendstraße spazierte, und sah Resis guten Ruf unweigerlich in den Filmstudios verloren gehen. Was letzteres anbelangte, erwiesen sich ihre Sorgen als unbegründet. Mit dem Filmen wurde es mangels Begabung nichts. Resis guter Ruf blieb erhalten.

Karl, fünfundzwanzig Jahre alt, suchte verzweifelt seinen Weg in den politischen Wirren der Zeit. Er befreite sich vom katholischen Glauben seines Elternhauses, verließ es, vagabundierte herum, arbeitete mit Vehemenz gegen die nationalsozialistische Bewegung und geriet schließlich doch, weil er seine eminente technische Begabung nutzen wollte, in ihren Sog. Sein Weg führte ihn später geradewegs in die Rüstung bis hin zur Atomforschung und schließlich, am Ende des zweiten Weltkrieges, gelangte er, als Beute der Kommunisten ins russische Sibirien, wo er als anerkannter Mann lange und luxuriös in einer der Forschersiedlungen lebte. Seine Mutter ließ, bis zu ihrem Tode, viele Messen für ihn lesen und grämte sich um den verlorenen Sohn.

Von den drei Geschwistern tat meine Mutter am ehesten das, was man den Eltern Freude machen nennt. In einer Zeit, in der dreiundzwanzig Prozent der Münchner Bevölkerung von der öffentlichen Fürsorge lebten und die Arbeitslosigkeit immer weiter wuchs, konnte sie ein so blendendes Abschlußzeugnis vorlegen, daß sie eine Stelle als kaufmännischer Lehrling in einem Verlag fand.

Abends, nach Büroschluß, lief sie immer noch auf den Johannisplatz zum Schussern. Was ein Mann, was Liebe bedeutete – das Wissen darum bezog sie aus Büchern und neuerdings von der flimmernden Leinwand, obwohl es schwierig für sie war, ins Kino hineinzukommen. Die ihr interessant erscheinenden Filme gab man erst frei ab sechzehn Jahren, und sie sah so kindlich aus, daß ihr niemand dieses Alter glauben mochte, auch nicht als sie es schon lange überschritten hatte. Richtig erwachsen ist sie übrigens nie geworden, sie blieb innerlich ein Kind ihr Leben lang, und dieses ganze Leben behielt das Kino seine Anziehungskraft, übte einen Zauber aus, dem sie nie widerstehen konnte.

Die politische und wirtschaftliche Situation in Deutschland verschlimmerte sich, rivalisierende Gruppen marschierten auf den Straßen, linke und rechte, ganz linke und extrem rechte. Die Zahl der Arbeitslosen nahm ein nie dagewesenes Ausmaß an.

Resis Schönheit half ihr über die Schwierigkeiten der Umstände hinweg. Sie behielt ihre Stellung jeweils so lange, bis die Firma Pleite ging, und fand sofort neue Arbeit, auch wenn mit ihr hundert andere Mädchen, tüchtigere als sie, um einen vakanten Posten nachsuchten. Die Schar ihrer Verehrer wuchs. Was sollten die jungen, arbeitslosen Burschen schon tun? Resi amüsierte sich mit ihnen, hieß sie nach ihrer Pfeife tanzen, favorisierte mal den einen, mal den anderen und ließ sie fallen, wenn sie ihrer überdrüssig geworden war. Der Großmutter paßte dieses Verhalten ganz und gar nicht, aber noch weniger paßte es ihr, als Resi sich plötzlich ernsthaft für einen Gymnasialprofessor, einen geschiedenen Mann, zu interessieren begann. Vergeblich verbot sie ihr den Umgang mit ihm. Resi liebte ihn, sie wollte ihn. Mutter und Tochter trugen harte Kämpfe miteinander aus. Die Mutter siegte und mit ihr die katholische Kirche; was Gott verbunden hat, soll der Mensch nicht trennen. Und tut er es doch und geht dann eine neue Ehe ein, wird er exkommuniziert und sein Partner mit ihm. Vor solchen Konsequenzen schreckte Resi zurück, so viel Mut brachte sie nicht auf. Sie verzichtete, litt und wurde älter darüber.

Jung, frei und ledig: Anna

Immer noch sehr klein, mit kurzem, schwarzem Bubikopf, feurigen dunklen Kulleraugen und einem heiter naiven Temperament, übersah meine Mutter die verliebten Augen des Sohnes ihres ersten Arbeitgebers, lachte zu seinen Komplimenten, hielt den Heiratsantrag, den ihr der zukünftige Verlagsdirektor machte, für einen Witz und reichte die Kündigung ein, um als Kontoristin zu Kathreiners Malzkaffee zu gehen.
Was sie dazu trieb, wußte sie nicht recht zu sagen. Vielleicht befriedigte es ihren Ehrgeiz, in dieser hoffnungslosen Zeit das Kunststück fertigzubringen, eine neue Stelle zu finden; vielleicht sollte die Aktion den Schritt aus der Kindheit in die Welt der Erwachsenen darstellen.

Nachdem sie den Verlag verlassen hatte, begann sie mit einem Mal zu schreiben, Geschichten, kurze Artikel, manchmal eine Theaterkritik für ein Blatt in der Provinz.

Als Hitler 1933 an die Macht kam, verlegte die Firma Kathreiners Malzkaffee den Sitz ihrer Direktion nach Berlin und nahm Anna mit.
Voller Staunen sah sie, daß München Provinz, Berlin jedoch die Welt war, eine Stadt voller Leben und voller Theater, und an ihnen die berühmtesten Künstler. Gewiß, die Kammerspiele in München an der Augustenstra-

ße und nach dem Umzug im Schauspielhaus, machten gutes Theater unter Falckenberg, aber in Berlin, welche Fülle! Opernhäuser, Schauspielbühnen, Kabaretts, Operettentheater! Die Mahnung der Großmutter, jeden Abend früh zu Bett zu gehen, zerstob in alle Winde, genauso wie der Vorsatz, Geld zu sparen. Hätte sie sie nicht ansehen sollen, die Fritzi Massari, den Kortner und den Wegener, versäumen sollen, wie Klemperer dirigierte und Reinhardt und Fehling inszenierten, sich nicht amüsieren dürfen bei Claire Waldorf? Anna trug das von ihrem Gehalt, was nach Abzug der Miete und den Ausgaben fürs Essen übrigblieb, an die Theaterkartenkassen und genoß, was sich ihr bot.
Manchmal verdiente sie ein bißchen dazu: Sie hatte gelernt, spritzig und geistreich zu schreiben, und kleinere Zeitungen druckten, was sie verfaßte.
Das Leben lief eilig und amüsant dahin, die Arbeit im Büro machte wenig Beschwerden, was interessierte sie der Malzkaffee, die Abende blieben der Traumwelt des Theaters vorbehalten, in den Nächten ratterte im Untermietszimmer die Schreibmaschine. Frau Dusedan, die Vermieterin, störte es nicht. Sie liebte das Fräulein aus München, und ging jeden Samstag Nachmittag mit ihr ins Café Kranzler unter den Linden, um ein paar Stunden zu konditorn.
Anna, ein unpolitischer Mensch, wußte wenig über die Nazis, über Hitler und seine Ideen, glaubte nicht an das Gerede von den Rassen und der Endlösung und wurde doch gerade das Opfer dieser Ideen. Plötzlich weigerten sich die Zeitungen, ihre Artikel anzunehmen, von einem Tag auf den anderen fiel sie in Ungnade. Es war ruchbar geworden, wo sie wohnte. Gegen Frau Dusedan, die

brave Witwe, ließ sich nichts einwenden, wohl aber gegen ihre Tochter Tutti, eine Operettensängerin. Tuttis Stimme klang nicht überwältigend, ihr Talent konnte man eher beschränkt nennen, doch ihre Garderobe schlug jede Nebenbuhlerin aus dem Felde. Damals stellten nicht die Theater die Kostüme, der Künstler mußte selber dafür aufkommen. Und Tutti, von einem reichen Juden geliebt und überschüttet mit Geld und Geschenken, kannte in dieser Hinsicht keine Sorgen. Der Jude finanzierte ihr die luxuriöse Wohnung und den aufwendigen Lebensstil. Er war verheiratet und dachte nicht daran, sich scheiden zu lassen. Schließlich liebte er seine Frau und die Kinder. Sonntags, wenn er sich seiner Familie widmete, kam Tutti auf Besuch zu ihrer Mutter Dusedan und traf dabei nicht selten auf Anna, die von ihr den ersten Aufklärungsunterricht erhielt und endlich exakt erfuhr, woher die Babies kommen und auch gleich, wie man sie verhindert. Tutti trug einen Apparat, den ein jüdischer Arzt, den Rhythmus genau einhaltend, alle drei Wochen ausbaute und nach den acht Tagen der Periode wieder einsetzte. Anna staunte gewaltig. Da gab es Menschen, denen anscheinend jegliche Moral, wie ihre Mutter sie gelehrt hatte, abging. Und doch liebte und schätzte sie sie und genoß das Beisammensein mit ihnen. Tutti bejahte ihr Dasein als g'schlampertes Verhältnis voll und ganz. Sie akzeptierte Ehefrau und Kinder des Freundes und fühlte sich glücklich bis zu dem Tag, an dem der reiche Gönner verschwand. Er emigrierte. Seine Familie nahm er mit.

Nichts blieb Tutti. Das Theater, an dem sie sang, entließ sie sofort, der Schmuck war rasch verkauft, verlebt, vertan. Etwas anderes als das bißchen Singen hatte sie nicht

gelernt, und nachdem die Möbel aus der großen Wohnung verkauft und die Schulden vom Erlös bezahlt waren, bat sie darum, bei ihrer Mutter wieder unterkriechen zu dürfen.
Der Platz in Frau Dusedans Wohnung reichte auf die Dauer für drei nicht aus. Tutti brauchte ein eigenes Zimmer, sie wollte nicht länger mit ihrer Mutter zusammenschlafen. Sie sah zwar ein, daß sich die finanzielle Lage nicht bessern würde, wenn Anna auszöge und die Mieteinnahme wegfiele, bestand aber auf dem eigenen Zimmer.
Anna wurde das Herz schwer. Sie wohnte gern bei Frau Dusedan und liebte die kleine Wohnung in Lichterfelde, denn sie hatte dort erstmals empfunden, was es heißt, ein freier Mensch zu sein. Da hielt das Schicksal für sie einen weiteren Schlag bereit, viel schlimmer als den Wechsel von einem Untermietszimmer in ein anderes. Aus München kam die Nachricht, daß der Vater beim Abladen eines Lastwagens schwer verunglückt sei, man wüßte nicht, wie lange es noch dauern würde, vielleicht noch lange, vielleicht würde er ein Pflegefall werden.
»Komm zurück«, schrieb ihre Mutter, »ich brauche dich.« Anna bat um ihre Entlassung bei Kathreiners Malzkaffee und reiste eilig und traurig in den Süden.
Der Vater starb ein halbes Jahr später, 1935.

Georg, ehe er Vater wurde und Soldat

Es galt nun für Anna, sich in München, daheim bei Mutter und Schwester, wieder einzuleben und auf die Freiheit, die sie in Berlin kennengelernt hatte, zu verzichten. Es galt, trotz aller Bevormundung durch die beiden, das eigene Leben fest in die kleinen, ein wenig zu breiten Hände zu nehmen.

Das nationalsozialistische Regime erkannte schlau, wie man die Leute auf seine Seite zieht, sie begeistert, sie wenigstens beschwichtigt. Es sorgte für Ordnung und dafür, daß es Arbeit gab und Brot für alle. Anna fiel es nicht schwer, eine neue Stelle zu finden, wenn auch nur wieder als Kontoristin. Schreiben ließ man sie nicht mehr, das war vorbei. Als Ersatz, als Ventil für die Kreativität mußte das Theaterspielen herhalten. Dabei lernte sie meinen Vater kennen.
Er war dreiundzwanzig, vier Jahre jünger als Anna, groß, sommersprossig, hatte rotblondes, lockiges Haar, prachtvolle Zähne, eine dunkle, weiche Stimme und arbeitete als selbständiger Maler, der zwar keine Meisterprüfung, wohl aber ein Firmenschild besaß und einen Karren, den er ans Fahrrad anhängen konnte, um Kübel und Leitern zu transportieren. In seiner freien Zeit malte er Aquarelle und Ölbilder. Das Theaterspielen jagte ihm eher Angst als Begeisterung ein, und es dauerte lange, bis Freunde

ihn dazu überreden konnten, in einem Lustspiel die Rolle eines Dieners zu übernehmen. Als solcher mußte er mit einem Tablett in der Hand, auf dem ein Brief lag, vor Anna, die die gnädige Frau spielte, hintreten und sagen: »Dies von der Frau Baronin von Pisée.«

Bei den Proben ging es verhältnismäßig gut. Jedesmal vor seinem Auftritt legte er, noch in den Kulissen, die linke Hand auf den Rücken oder ein bißchen weiter hinunter, streckte die rechte mit dem Tablett und dem Brief vor, repetierte den Text und trat aufs Stichwort richtig auf. Er sagte den Satz, wartete, bis Anna den Brief vom Tablett genommen hatte, drückte es dann an die Brust, verbeugte sich und ging. Anna beachtete den jungen Mann, der den Diener spielte, wenig, weil sie alle Männer wenig beachtete. Wenn ihr einer sagte, wie sehr er sie möge, meinte sie noch immer, er mache einen Witz, lachte freundlich und vergaß es.

Der Termin der Aufführung kam heran. Der junge Maler sollte erstmals vor Publikum spielen. Es ging ihm schlecht, den ganzen Tag. Vor seinem Auftritt zitterte er, in den Kulissen stehend, so heftig, daß der Brief auf dem Tablett hüpfte. Dann war es so weit. Er legte die linke Hand auf den Rücken, streckte die rechte, zitternde, vor und marschierte auf die Bühne, vor Anna hin. Da stand er kerzengerade, steif und still und konnte sich um keinen Preis der Welt daran erinnern, was er nun hätte sagen sollen. Anna wartete eine Zeit lang und dann noch ein wenig und als er immer noch dastand wie versteinert und keinen Ton herausbrachte, half sie:

»Sie meinen wohl, Sie wollen mir diesen Brief von der Frau Baronin von Pisée überbringen.«

»Jawohl«, sagte Georg und blieb stehen.

Anna nahm den Brief.
Georg blieb. Er hatte nun überhaupt alles vergessen, auch, daß er das Tablett gegen seine Brust drücken, sich verbeugen und dann verschwinden sollte. Anna las den Brief und sah unter halb gesenkten Lidern die männliche Salzsäule vor sich, die sich nicht vom Fleck rührte. Sie verbiß das Lachen, sprang plötzlich gebieterisch auf und rief: »Hinaus mit dir, du Tölpel, aber rasch!«
Das wirkte. Mein zukünftiger Vater rannte was er konnte in die Kulissen und weiter, hinter die Bühne, in die Garderobe des Regisseurs und gab die Rolle auf der Stelle zurück.
Dann wartete er. Er wartete auf das Ende der Vorstellung und auf Anna. Bei strömendem Regen brachte er sie, unter seinem Schirm, nachhause, von der Kirchen- in die Jugendstraße. Man braucht für diesen Weg gewöhnlich drei Minuten. Anna und Georg waren zwei Stunden unterwegs und als sie sich endlich Adieu sagten, bat Georg schüchtern um ein Wiedersehen. Anna nickte nur und lachte nicht.

Meiner Großmutter erschien der junge Maler wie ein Geschenk des Himmels. Sie, die selbständige, tüchtige Frau, die couragiert das Schiff der Familie durch die Lebenswogen gesteuert hatte, verlor nach dem Tod ihres Mannes jeden Mut. Hilflos sah sie sich mit ihren beiden Töchtern einer Welt gegenüber, die sie nicht verstand, die sie instinktiv ablehnte und fürchtete. Frau Herrmann lag längst auf dem alten Haidhauser Friedhof, auf die älteste Tochter, die schöne Resi, die langsam zur alten Jungfer verknöcherte, war nicht recht zu zählen. Die Harmonie zwischen Mutter und Tochter war seit dem Verbot der

Ehe mit dem geschiedenen Lehrer zerstört und ließ sich nicht wiederherstellen. Karl kam nicht mehr nach Hause. Darüber war man froh. Die drei Frauen schämten sich seiner, versuchten, vor den Leuten geheimzuhalten, wo er arbeitete und als was, und sprachen nur selten und tief bestürzt miteinander darüber, daß einer der Ihren ein Nazi geworden war. Sogar Anna ging nach und nach auf, was das bedeutete. Der üble Geruch des Regimes drang durch die Mauer aus Literatur und Kunst, die sie um sich aufgebaut und die bisher so vieles verläßlich von ihr hatte abhalten können.

Mit Georg kam wieder ein Mann ins Haus. Wenn er auch nicht viel mehr als ein paar zerrissene Socken besaß, so verströmte er doch Fröhlichkeit und Kraft, Mut und Güte. Er war ein geborener Haidhauser aus dem sogenannten Franzosenviertel und in der Gravelottestraße mit vier anderen Geschwistern aufgewachsen. Seinen Vater hatte er früh verloren, er starb an Magen- und Leberkrebs. Die Liebe seiner Mutter, einer unguten, unwirschen, stets jammernden Frau, ungerecht und lieblos zu ihren Kindern, besonders zu Georg, konnte er nicht erringen. Er trieb sich viel auf der Straße herum, spielte Fußball und schlug sich so recht und schlecht durch die acht Klassen Volksschule.

Nach deren Abschluß meldete ihn seine Mutter bei einem Konditor als Lehrling an und hätte dabei so falsch gar nicht gewählt. Ich erinnere mich gut an meinen Vater, wenn er, den blauen Schaber, wie in Bayern Männerschürzen heißen, umgebunden, in der Küche stand und die von meiner Mutter gebackene Biskuittorte kunstgerecht viermal durchschnitt, Cremes schaumig rührte, die

Tortenböden mit Cognac tränkte, sie, Marmelade und Buttercreme darauf streichend, aufeinandersetzte, schließlich die ganze Torte mit Schokoladencreme überzog und mit kandierten Früchten oder Nüssen die Stücke markierte. Sein Werk sah aus wie gemalt.

Für den Beruf des Malers hat er sich ja auch, obwohl er beim Konditor schon angemeldet war, entschlossen – auf eine für ihn typische Art und Weise.

Nur zwei Wochen lagen für den Vierzehnjährigen zwischen Schulende und Lehrzeitbeginn. Gerade in diese Zeit fiel der Termin, den seine Mutter mit einem Maler für das Streichen der Wohnung vereinbart hatte. Georg stand zuerst zuschauend herum, durfte dann helfen beim Farbenrühren, wusch die Wände ab und versuchte es sogar mit dem Weißeln.

»Gefällt's dir?«, fragte der Malermeister.

»Ja, gut«, sagte Georg.

»Willst Maler werden?«

»Ich soll Konditor lernen, ich hab' schon eine Lehrstelle. Aber Maler wär' mir lieber.«

»Wennst magst«, sagte der Meister, »kannst morgen anfangen.«

»Ja«, sagte Georg, »dann komm' ich.«

Es gab einen gewaltigen Krach zwischen Sohn und Mutter, die nun zusehen mußte, wie sie den Lehrvertrag mit dem Konditor wieder rückgängig machte. Georg kümmerte sich nicht weiter darum. Er war vollauf damit beschäftigt, in aller Herrgottsfrühe in die Werkstatt zu laufen, Farben, Pinsel, Bürsten, Kübel und Leitern bereitzustellen und mit dem Meister und einem Gesellen zu den Kunden zu eilen. Haunstetter hieß der Maler. Seine

Werkstatt lag in der Sedanstraße, auch im Franzosenviertel. Georgs Lehrvertrag trug als Datum den neunten Juni 1926 und die Überschrift: »Lehrvertrag für Innungsmitglieder, festgesetzt in der zweiundvierzigsten Vollversammlung der Handwerkskammer von Oberbayern am sechzehnten Dezember 1909, genehmigt durch Entschließung des Königlichen Staatsministeriums des Königlichen Hauses und des Äußern vom . . .« und dann folgte noch ein Datum und eine Nummer. Drei Jahre dauerte die Ausbildung. Georg erreichte in dieser Zeit das stramme Maß von einem Meter neunzig, und sein Magen nur ein einziges Mal den Grad restloser Sättigung.
Der Meister hatte den Auftrag bekommen, eine Metzgerei frisch herauszukalken. Lehrbub und Geselle werkelten was das Zeug hielt von Samstag Nachmittag bis Sonntag Abend. Sie mußten fertig werden übers Wochenende, der Metzger wollte auf keinen Verkaufstag verzichten. Und sie schafften es.
»Habt ihr Lust auf ein paar Wiener?«, fragte der Metzger gönnerhaft.
»Ja«, nickten die Maler.
»Na, wieviel meint ihr denn, daß ihr essen könnt?«
»Viele!«
»Jeder zwanzig, vielleicht?«, fragte der Metzger und hielt das für einen Witz.
»Zwanzig«, sagte Georg, »fünfzig eß ich leicht.«
»Wenn du sie ißt«, sagte der Metzger, »schenk ich sie dir, wenn nicht, mußt du sie zahlen. Überleg dir's, die Würst' sind teuer.«
»Da gibt's nichts zum Überlegen, ich eß sie schon.«
»Ich auch«, sagte der Geselle.
Der Metzger stellte einen riesigen Topf mit hundert hei-

ßen Wienern vor sie hin. Es wurmte ihn, daß er sich auf den Handel eingelassen hatte. Die Maler begannen zu essen. Bis dreißig ging's ganz leicht, erzählte mein Vater später, aber dann ... Bei der achtundvierzigsten Wurst gab er auf. Trotzdem mußten sie die Wiener nicht zahlen; der Geselle zwang die zwei vom Lehrbuben auch noch und brachte es auf zweiundfünfzig. Der Metzger hatte das Nachsehen.

Georgs Lehrzeit endete im April 1929. Er erhielt einen Gesellenbrief und bald darauf die Kündigung vom Meister Haunstetter. Zwei Ausgelernte konnte der Meister sich nicht leisten.

Für drei Monate fand Georg Arbeit bei einem Maler in der Möhlstraße, im vornehmen Villenviertel Bogenhausen, aber auch dort gingen die Aufträge im Herbst aus. Der junge Geselle stand erneut auf der Straße. So ging es weiter im Wechsel: eine geraume Zeit Arbeitslosigkeit, dann ein paar Monate Arbeit.

Vom neunten Januar bis zum zwölften März 1932 besuchte er freiwillig, regelmäßig und pünktlich, wie ihm bescheinigt wurde, einen Malerkurs für jugendliche Arbeitslose. Im April fand er Arbeit und im September war er sie wieder los. So wollte, so konnte er nicht weiterleben. Er beschloß, die Sache von Grund auf zu ändern und meldete im Oktober 1932 den Betriebsbeginn einer Dekorationsmalerei beim Städtischen Gewerbeamt an. Man händigte ihm eine Anmeldebescheinigung aus, versehen mit einem Stempel und zwei Unterschriften. Er war gerade einundzwanzig Jahre alt geworden. Annas Sternzeichen, die Waage, stand auch über seinem Leben. Glück in der einen Waagschale, Pech in der anderen, dazwischen der Mensch, der sich abmüht mit dem Auspendeln, und um ihn herum die Zeit, seine Zeit, gegen die er wenig zu setzen hat, in die er sich nur hilflos ergeben kann.

Hitlers Machtergreifung fegte über Deutschland hinweg, veränderte alles beinahe schlagartig und griff mit Gewalt in Georgs Leben ein. Aus war der Traum vom eigenen Betrieb. Es zwang ihn die allgemeine Wehrpflicht zum Barras, in den Kasernenhof, ans Gewehr. Mein Vater sprach selten und ungern über diese Zeit, aus der nur sein Haß auf die Städte Augsburg und Wasserburg geblieben ist, wohin der Kommiß ihn verschlagen hatte, und zwei Aquarelle mit Motiven einer verwinkelten Straße Augsburgs und einer Wasserburger Brücke über den Inn.
Georgs Leben begann erst wieder, als er nach München zurückkehrte und Anna kennenlernte. Was ging ihn die Politik an? Er war jung und sehr verliebt. Anna eröffnete ihm eine neue Welt: sie nahm ihn mit ins Schauspiel, in Konzerte und in die Oper, sie erklärte ihm Literatur und Musik. Finanzielle Sorgen kannten sie nicht, sie lebten bescheiden, Annas Stellung drohte keinerlei Gefahr und Georg fand reichlich Aufträge. Die ehrgeizige Anna heckte die Idee aus, daß es an der Zeit sei für den jungen Maler, die Meisterprüfung zu machen. Es fiel ihm nicht leicht. Rechnen, Buchführung, Wirtschaftskunde, all das war seine Sache nicht. Aber Anna brachte es ihm schon bei. Sie trichterte ihm Abend für Abend ein, was nur schwer in seinen Kopf ging, und es war mehr das Verdienst ihrer Energie als seines Talents, daß er die Prüfung schaffte, die ihn berechtigte, ab Mai 1937 den Meistertitel zu führen und Lehrlinge anzuleiten.
Einen Lehrling wollte Georg haben, aber zuerst und vor

allem wollte er Anna zur Frau. Er verstand nicht, weshalb sie sich so gegen die Heirat sträubte.
Anna spürte tief in sich den Drang nach Freiheit, dem sie nur in Berlin, einmal in ihrem Leben und viel zu kurz, hatte nachgeben können. Sie liebte Georg, liebte ihn mit jenem Abstand, den sie zu allen Menschen hielt, und wußte nicht, ob sie sich ihm ganz und für immer ausliefern sollte.
Ihre Mutter sorgte dafür, daß sie dann doch an einem heißen Tag im Sommer, im Juli, in aller Früh um sieben Uhr, in einem schmalgeschnittenen, dunkelblauen Kostüm und mit einem kessen Hütchen auf den kurzen Haaren, am Arm Georgs die paar Schritte hinüber in die Johanniskirche ging, um vor Gott und dem Pfarrer, der Semmelmeier hieß und über Jahrzehnte Kaplan in Haidhausen war, zu versprechen, eine treue Ehefrau zu werden.
Die Stellung bei der Firma Gasolin mußte sie aufgeben. Verheiratete Frauen durften während des Hitler-Regimes nicht arbeiten.
Gefahr, sich zu langweilen, lief Anna aber nicht. Georg bescherte ihr mich als neue Aufgabe und Bürde.
Noch war ich zwar nicht sichtbar vorhanden, aber ich lebte im Leib der Mutter, zappelte und wuchs und schickte mich an, eine Lücke im Haus in der Jugendstraße wieder zu füllen; denn Resi hatte es verlassen. Sie lebte seit drei Jahren in Amerika. Spontan, viel zu schnell, hatte sie sich entschlossen, auszuwandern, und ein Leben lang sollte sie es bereuen. Aus Verzweiflung hatte sie gehandelt und Verzweiflung handelte sie sich dafür ein.
Damals, als der Vater gestorben und Anna aus Berlin zurückgekommen war, sah sich die schöne Frau plötzlich

mit der Tatsache konfrontiert, daß sie die dreißig überschritten und einsam geworden war. Die Verehrer, von denen ihr keiner gut genug dünkte, hatten andere geheiratet, weniger hübsche Mädchen, die freundlich und gutmütig mit ihnen umgingen. Resi saß allein bei Mutter und Schwester, und die Angst vor dem Altjungferndasein schnürte ihr die Kehle zu. Ihre Mutter verschwieg nicht, wer ihrer Meinung nach die Schuld daran trug, und überschüttete die Tochter mit Vorwürfen. Als Anna Georg kennenlernte, lief für Resi das Maß dessen, was zu ertragen sie imstande war, über. Es muß ihr wie eine Erlösung vorgekommen sein, als einer der früheren Anbeter nach längerem Aufenthalt in den Vereinigten Staaten plötzlich für kurze Zeit zurückkam und scheu und ängstlich wieder um sie warb. Er war kleiner als sie und häßlich, sie hatte ihn nie leiden mögen. Und obwohl er sie liebte, wagte er nicht direkt zu fragen, ob sie ihn haben wolle, er hoffte darauf, daß sie selber davon anfangen und nachhelfen würde. Eines Tages jedoch wurde ihm klar, daß das schöne hochmütige Geschöpf auf eine Heirat mit ihm geradezu drängte. Und als er das begriff, nahm er, was sich ihm bot. Innerhalb weniger Wochen heirateten sie, beantragten das Auswanderervisum nach Amerika und verließen Deutschland für immer. Kopflos rannte Resi davon und ging an der Seite eines Mannes, dem sie nicht einmal Sympathie entgegenbrachte und dem es bisher nicht gelungen war, sich im Land der unbegrenzten Möglichkeiten eine Existenz aufzubauen, in eine unklare, ungesicherte Zukunft.

Sie hat Deutschland nie wiedergesehen, auch später nicht, als sie endlich Geld genug besaßen. Amerika brach ihren Hochmut und raubte ihr den Mut. Das Heimweh, an

dem sie vom ersten bis zum letzten Tag litt, wagte sie erst zuzugeben, als sie auf die achtzig ging.
»Wenn es eine Brücke über den Atlantik gegeben hätte«, schrieb sie mir in einem ihrer letzten Briefe, »ich wäre damals zu Fuß nachhause zurückgegangen.«
Stattdessen hat sie ausgeharrt und ist hochbetagt nach fünfundvierzigjähriger Ehe in dem ungeliebten Land gestorben.
Resis Leid drang nicht bis zu Anna und Georg, deren eigenes Glück nahm sie ganz in Besitz, machte sie taub für das Geschehen um sie herum. Und so wie Anna Georg die Kunst erschloß, öffnete er ihr die Augen für die Schönheiten der Natur. Anna lernte Blumen und Bäume und Vögel und das bayerische Oberland kennen, auf langen Wanderungen zu Fuß oder mit dem Auto; einer von Georgs Brüdern, ein Automechaniker, verhalf ihnen billig zu einem fahrbaren Untersatz, einem Vehikel, das sich auf nur drei Rädern, einem vorn und zwei hinten, fortbewegte und dessen Zusammenbruch beinahe die Verlobung mit in die Brüche gerissen hätte.
Anna und Georg befanden sich in dem winzigen Fahrzeug auf der Zweibrückenstraße, stadtauswärtsfahrend, auf den Gasteigberg zu. Der Motor spuckte, das Gefährt sprang mehr, als es fuhr, Georg schwitzte, schaltete nervös die Gänge hinauf und hinunter, und Anna, dicht an ihn gepreßt, mehr aus Platzmangel als aus Liebe, verbiß mühsam das Lachen. Vor dem Deutschen Museum gab es einen ungeheuren Knall, der Auto und Insassen heftig erschütterte. Anna begehrte auszusteigen, ehe sie mitsamt Motor, Blech und Mann in die Luft flöge. Wütend griff Georg über sie hinweg zur Tür, öffnete sie und sagte: »Steig aus für immer.«

Anna tat, was ihr so theatralisch geheißen war, und schlenderte neben dem weiterhüpfenden Wagen in Richtung Gasteigberg. Das ist ein kleiner Hügel rechts der Isar, auf dem damals ein Spital und ihm gegenüber das Gasteigkircherl, das es auch heute noch gibt, standen.
Als der Motor die erste sanfte Steigung verspürte, gab er ein paar heftige Schläge von sich und hauchte seinen Geist aus. Georg, ungläubig und bitter enttäuscht, trat aufs Gas, betätigte den Anlasser, probierte herum, vergeblich. Nach dem großen Getöse herrschte absolute und endgültige Stille. Georg blieb nichts anderes übrig, als seine stattliche Länge aus dem Wagen herauszuzwängen. Er beugte sich liebevoll zu seinem Auto hinunter, griff durch das offene Fenster mit der linken Hand ans Steuer und schob mit der rechten das Unikum wie einen Kinderwagen den Berg hinauf. Es wäre so schlimm nicht gewesen, wenn nicht Anna, hinterhergehend, sich vor Lachen gebogen hätte. Passanten, davon angesteckt, bildeten ein Spalier, höhnisch grinsend, lachend, schmunzelnd. In Georgs Brust kämpften Wut und bebender Zorn mit der Scham. Er schwor sich, mit Anna ein für alle Mal zu brechen. Zum Gespött der Menge ließ er sich nicht machen!
Nichtsdestoweniger saßen sie bald darauf wieder vereint in einem nagelneuen DKW, von dem sie freilich nicht wußten, daß Hitler ihn bald wegnehmen würde, weil er ihn für seinen Krieg brauchte.
Zufall war es, daß sie sich ausgerechnet an dem Tag, an dem die Nationalsozialisten in Österreich einmarschierten, mit dem Auto im Salzkammergut aufhielten. Anna und Georg, die das Geschrei um Hitler, die Begeisterung für ihn, nicht verstanden und schon gar nicht teilten,

waren sprachlos. Der Jubel der Österreicher kannte keine Grenzen! Und weil Anna und Georg nun schon einmal da waren, beschlossen sie, den vorbeifahrenden Führer aus der Nähe anzuschauen.
»Schöne Augen hat er«, sagte Anna.
»Ja«, sagte Georg, »aber du hättest Heil Hitler schreien müssen, wie die anderen, anstatt Grüß Gott zu sagen.«
»Grüß Gott«, war Anna auch auf dem Münchner Odeonsplatz herausgerutscht, wohin sie von ihrer Firma zusammen mit anderen Kollegen abkommandiert worden war, um bei einer Parade der Wehrmacht dem Führer Heil zuzujubeln. Sie war ein hoffnungsloser Fall! Nur gut, daß Heirat und Kinderkriegen ihr geholfen hatten, sich aus dem Berufsleben zurückzuziehen.

Ein Kind wird geboren zur unrechten Zeit

Als am ersten September 1939 der zweite Weltkrieg ausbrach, lebte ich glücklich wie nie mehr danach im wohlig warmen Fruchtwasser in Annas Leib und verspürte nicht die geringste Lust, auf die Welt zu kommen. Ich war fällig, ich wurde überfällig, ich blieb aus. Nervosität quälte meine werdenden Eltern und nicht nur um meinetwillen. Noch ließ der Einberufungsbefehl für Georg auf sich warten. Georg gehörte mit siebenundzwanzig Jahren zu jenen, denen man eine kurze Schonzeit zubilligte. Es gab keinen Zweifel daran, daß sie eines Tages zu Ende sein würde. Die meine war am achtundzwanzigsten September vorbei. Die großen Waage-Kinder Georg und Anna bekamen ein kleines Waage-Mädchen. Zu dritt sollten wir ab jetzt die Balance halten.

Eine Hebamme zerrte mich an das Licht dieser unfreundlichen Welt, klopfte mir hinten drauf und hätte mich vor Schreck beinahe fallen lassen, denn ich schrie nicht, ich nieste. Meine Mutter lachte.

Wie kindisch und unvernünftig der neugebackene Vater noch immer war, zeigte sich daran, daß er voller Freude mit einem Malkasten bewaffnet, dem Geschenk für seinen Sohn, ins Krankenhaus kam. Als er bemerkte, daß mir das entscheidende Stück fehlte, zog er tiefenttäuscht mitsamt dem Malkasten wieder ab. Auf Anna vergaß er. Seit der Eheschließung lebte es sich ohnehin nicht leicht

miteinander. Georgs Freunde hänselten ihn, daß er am Abend nicht mit ihnen in der Wirtschaft saß wie früher, schwatzte und trank.
»Traust dich nicht?«, fragten sie und feixten.
Und wenn er mitging, weinte und zeterte Anna.
»In einer Beziehung«, meinte sie später einmal, »war es gut, daß der Krieg ausbrach. Es hat dem Papa das Wirtschafthocken abgewöhnt. So wie im ersten Jahr der Ehe hätte es nicht weitergehen können, es war schrecklich.«
Solange Anna in der Frauenklinik lag, tat sich Georg keinen Zwang an. Hatte er nicht allen Grund, einen über den Durst zu trinken? Ein Mädchen! Sein erstes Kind ein Mädchen! Er brauchte doch Buben! Für das Geschäft und überhaupt.
Anna und ich kamen heim. Ich liebte meinen Vater vom ersten Augenblick an. Wenn Anna mich auf den Arm nahm, wenn sie mich wickelte, plärrte ich lauthals und zappelte herum, sobald ich aber seine großen, ein wenig rauhen Hände spürte, sobald er mich aufhob, mich sanft in den Armen wiegte und mit mir in der Küche herumging, lächelte ich selig und krähte vor Vergnügen. Ihm spuckte ich niemals den Inhalt des Fläschchens ins Gesicht, wenn er es mir gab, während mir das bei meiner Mutter großen Spaß bereitete.
Papa widerstand meinem Werben auf die Dauer nicht. Er verfiel mir ganz und gar, je mehr ich mich zu einem runden, rosigen, gut gelaunten Baby entwickelte. Was aber kümmerte unsere innige Beziehung die Wehrmacht! Sie sandte den Einberufungsbefehl.
Georg rückte vorerst in eine Kaserne nach Augsburg ein. Schon wieder Augsburg! Sein Haß auf die Stadt wuchs, ungeachtet ihrer barocken Schönheit.

Mit ungelenker Hand schrieb er Karten und Briefe an Anna und wünschte nichts mehr, als wieder daheim zu sein. Anna begann, für ihn ein Buch zu schreiben, eine Art Baby-Tagebuch. Aber sie mußte schon nach wenigen Seiten wieder aufhören, sie konnte sich nicht konzentrieren. Das Baby raubte ihr in den Nächten den Schlaf, und die Angst vor dem Krieg, die Sorge um Georg taten ein übriges.

Elfmal während meines ersten Lebensjahres riß ein Luftangriff auf München uns nachts aus dem Bett. Anna rannte, mich auf dem Arm, Großmutter hinterher, hinunter in unseren kleinen Keller. Er bot keinen Schutz gegen die Bomben, das wußte sie, und Großmutter wußte es auch. Vorwarnung, Warnung, Entwarnung und Tag und Nacht das Warten auf den ersten Sirenenton, wie er an- und abschwoll.

Noch kam Georg ab und zu von Augsburg herüber. Er setzte die Fenster wieder ein, die dem Luftdruck nicht standgehalten hatten, er entrümpelte, weil es wegen der Brandbomben so angeordnet worden war, den Speicher und stellte vorschriftsgemäß eine Kiste mit Sand in dessen Mitte.

Während der kurzen Urlaubstage gingen Georg oder Anna, sooft sie Karten bekommen konnten, in die Oper. Wehrmachtsmitglieder erhielten bevorzugt Billetts, jedoch immer nur eines. Für mich und Großmutter eine günstige Regelung, denn allein hätte man uns nicht zuhause lassen können. Wir waren hilflos. Die Courage der erst Sechzigjährigen war einer wimmernden Angst gewichen. Und während Anna oder Georg unbekümmert im Nationaltheater saßen, seelenruhig bei Vorwarnung zusammen mit Sängern, Musikern und Bühnenarbeitern in den Luftschutzkeller gingen, dort abwarteten, ob ein Angriff kam oder nicht, und bei Entwarnung wieder zurückkehrten auf ihre Plätze im Zuschauerraum, büßte meine einst so resolute Großmutter still und stückweise ihren Lebensmut ein. Zwei Jahre nach Kriegsbeginn starb sie an einem Gehirnschlag.

Mama und ich waren allein. Papa lag in Frankreich im Lazarett, es hatte ihn schwer erwischt. Er war nicht verwundet worden, aber ein Magengeschwür folgte auf das andere, sein Körper magerte ab zum Skelett.

Und über München fielen die Bomben. Mehrmals stürzte Mama bei Alarm, mich vorne an sich gepreßt haltend, vor Eile und Aufregung die steinerne Kellertreppe hinunter. Sie zerriß sich die Kleider, schürfte sich die Haut am Rücken auf, zog sich Blutergüsse und Prellungen zu und weinte nicht. Die Angst schnürte sie förmlich ein, versteinerte sie, dort unten, allein mit dem Baby, in dem kleinen Haus, in dem winzigen, keineswegs stabilen Keller, der bisher zum Aufbewahren von Kohlen und Kartoffeln gedient hatte.

»Um Gottes Willen«, sagten die Nachbarn, »Sie können doch nicht mit dem Kind in diesem Loch sitzen. Gehen Sie mit uns in den Luftschutzkeller der Kirchenschule.«

»Das ist so weit«, jammerte Mama, »es dauert immer so lange, bis ich uns beide angezogen habe.« Trotzdem nahm sie den Rat an.

Vorwarnung! Ein paar Mal hatte Mama sie schon verschlafen, ja, die ersten Angriffe auf München hätte sie überhaupt verschlafen, wäre Großmutter nicht gewesen. Vorwarnung also. Mama stürzt aus dem Bett, reißt mich aus dem meinen, hastiges Anziehen, Zusammenraffen von Sachen für sich und mich – in der Angst sind oft überflüssige, falsche darunter –, durchs Haus hetzen, nachsehen, ob alles in Ordnung ist, die Treppe vom ersten Stock, in dem die Schlafzimmer liegen, hinunter und aus dem Haus. Alarm!

Alarm oft schon, während wir noch auf der Straße dahinliefen. Und einmal fielen bereits die Bomben, als wir das Haus verließen. Wir rannten. Wohin? Ins Kloster nebenan! Die hatten einen großen, sicheren Keller.

Meine Mutter betrat den Hausflur, mich auf dem Arm. Da standen schon Frauen mit Kindern.

»Warum stehen Sie hier?« fragte Anna.

»Sie lassen uns nicht hinunter. Sie sagen, es wäre unten alles voll.«

Die Frauen weinten. Von draußen hörte man das Zischen der Bomben, das Einschlagen. Die Kinder fingen an zu schreien. Eine Nonne erschien.

»Gehen Sie«, sagte sie, »bei uns ist kein Platz.«

Die Angst gab Mama Mut: »So«, schrie sie, »das will ich selber sehen! Und selbst wenn wirklich kein Platz mehr wäre, hier können wir nicht stehen bleiben, und wieder hinausjagen lasse ich mich nicht.«

Sie schrie so laut, daß eine der sogenannten Arbeitsmaiden, Mädchen, die zum Arbeitsdienst abkommandiert worden und häufig aus dem BDM, dem Bund deutscher Mädchen, hervorgegangen waren, unten im Keller den Lärm hörte. Sie kam herauf, schob die Nonne grob beiseite und half den Frauen und Kindern hinunter. Der Keller war nicht einmal halb voll.

»Sie werden«, sagte die Arbeitsmaid zu den Klosterschwestern, »ab sofort jeden, der es wünscht, in Ihren Keller lassen. Wenn nicht, melde ich es.«

»Danke«, sagte Anna und schaute auf die Arbeitsmaid und die katholischen Nonnen.

Trotzdem zog sie es vor, wann immer die Zeit reichte, hinüber in die Kirchenschule zu laufen, mit deren Keller sich meine erste klare Kindheitserinnerung verbindet.
Während eines schier endlosen Angriffs saßen wir in dem kahlen Raum auf Bänken, die sich die Wände entlang zogen. Ein paar Notlichter brannten, manchmal verlöschten sie. Beinahe pausenlos hörte man die Bomben ringsum einschlagen. Die Leute verhielten sich still und schweigsam, wie sonst nie. Auch die Kinder saßen wie erstarrt zwischen den Erwachsenen, vielen Frauen, ein paar alten Männern. Nach Stunden, endlich, kam die Entwarnung. Die Menschen verließen zögernd den Keller. Die Angst vor dem Tod wich von ihnen, die Angst vor der Konfrontation mit dem, was draußen passiert sein mochte, ergriff sie. Würde man noch ein Dach über dem Kopf vorfinden, das Bett, die Kleider? Und wenn nicht, wenn das alles brennend irgendwo zwischen Himmel und Erde hing, was dann?
Wir schoben uns zusammen mit den anderen die Treppe hinauf zum Ausgang. In der Tür stehend, sah ich, daß die Hilfsschule, gleich nebenan, brannte, es brannte das Haus ihr gegenüber, in der Kirchenstraße brannten Häuser, am Johannisplatz. Grell züngelten die Flammen empor. Ich begann mich zu fürchten, erfuhr plötzlich, erstmals, schlagartig, was Angst ist, konnte nichts als Schreien gegen dieses neue, schreckliche Gefühl setzen, das da mit solcher Gewalt in mein dreijähriges Leben platzte. Ich schrie und schrie und schrie, riß mich von der Hand meiner Mutter los, stolperte zurück in den Keller, klam-

merte mich dort an eine Bank und hörte nicht auf zu schreien. Mama verfiel in hemmungsloses Schluchzen. Ein Luftschutzwart redete ergebnislos auf uns ein. Die Leute auf ihrem hastigen Nachhauseweg erzählten sich, daß das kleine Mädchen aus der Jugendstraße wahnsinnig geworden sei.
Unserem Haus gegenüber stand damals das der Familie Kaiser. Der alte Kaiser und die Kaiserin stammten vom Land, aus dem Chiemgau. Mama schickte mich öfter hinüber, um etwas auszurichten, und an jedem Neujahrstag in der Früh ging ich hin, um ein gutes Neues Jahr anzuwünschen. Der alte Kaiser sagte, es bringe Glück, wenn der erste, der einem Neujahr wünsche, ein Mädchen sei. Die Kaisers hatten drei Kinder, einen Sohn, der von Anfang an nicht viel taugte, und zwei Töchter. Die ältere hieß Hilde. Damals, im Krieg, war sie zwanzig Jahre, sehr hübsch und sehr mutig. Sie war in dieser Nacht pausenlos wie ein Mann in der Kette gestanden, hatte die Eimer voller Wasser weitergereicht und beim Löschen geholfen. Todmüde, erschöpft und verdreckt hörte sie, was die Leute über mich schwatzten und rannte los. Sie kam zu uns in den Keller, löste sanft meine Hände von der Bank, hob mich hoch, barg meinen Kopf an ihrer Schulter, verdeckte mir mit der Hand und ihren langen blonden Haaren die Augen und trug mich, wie es mir schien, mitten durchs Feuer, heim in die Jugendstraße. Unser Haus stand noch. Bei seinem Anblick weinte Mama erst recht.
Bald danach durfte Georg auf Erholungsurlaub nach Hause, nur noch Haut und Knochen, grau im Gesicht, schwer krank. Mama versuchte, ihn mit dem, was uns auf Lebensmittelkarten zugeteilt wurde, aufzupäppeln. Ein

beinahe unmögliches Unterfangen. Da mußte schon seine Gier nach dem Leben mithelfen, die unbändige Freude darüber, bei Anna zu sein, bei seinem Kind, in dem Haus in der Jugendstraße. Sobald er fähig war, wieder auf den Beinen zu stehen, stöberte er in den Trümmern zerstörter Häuser nach Material, mit dem er das unsere notdürftig zusammenflicken konnte. Immer weniger hielten Zimmerdecken, Fensterstöcke und Türen dem Druck der Sprengbomben stand.

Mama und ich verspürten die Anwesenheit des Mannes wie einen Schutzwall gegen den Krieg, die Bomben, den Hunger, die Kälte. Wir fühlten uns sicher und geborgen und vergaßen fast, daß wir auch jetzt von einer Minute auf die andere tot, verletzt oder obdachlos sein konnten. Eine wilde Lustigkeit sprang während kurzer Tag auf – und fiel jäh in sich zusammen, als der Vertrauensarzt Georg gesund schrieb. Wieder sollte er fort, nach einer kleinen Zeit der Vorbereitung in der Kaserne.
»Bete zur Großmama«, sagte meine Mutter, »daß sie uns hilft. Vielleicht geschieht ein Wunder.«
Ich hatte schon oft zur Großmutter beten müssen. Mama glaubte fest an die Hilfe ihrer toten Eltern. Sie fühlte sich immer noch eng mit ihnen verbunden und klammerte sich an die Vorstellung, daß die da drüben für uns da herüben viel Gutes würden tun können, wenn man sie nur herzlich darum bitte.
Und sie behielt recht, das Wunder geschah. Papa traf auf einen Major mit dem Namen Max Thuman. Thuman verstand etwas von Kunst, mochte vor allem die Maler und entdeckte in meinem Vater einen Mann, der nicht nur zarte Aquarelle zaubern konnte, sondern auch die

seltene Kunst der Lüftlmalerei beherrschte. Papa verstand es, mit leichter Hand, wie hingehaucht, Girlanden und Blumen um Fenster und Türstöcke von Bauernhäusern zu malen. Thuman, der Pfälzer, brachte viel Sympathie für den jungen Bayern auf und erkannte schnell, daß es um dessen Gesundheit so gut nicht stand. Er versuchte, ihn in München zu halten.
Nur mit der Unvernunft meines Vaters hatte er nicht gerechnet. Wie gefährlich das Leben auch hier für jemanden war, der angesichts des Wahnsinns, als den er Hitlers Krieg empfand, den Mund nicht halten konnte, sollte sich schnell zeigen.
Statt still zu sein, sich ängstlich zu ducken, wie die anderen, riß Georg das Maul kühn und weit und dumm auf: »Dem Hitler«, erklärte er mitten auf dem Kasernenhof den anderen Soldaten, »dem gehört der Kopf herunter.« Sprach's und war schon gemeldet und verraten, und der Wagen, der ihn abtransportieren sollte ins Konzentrationslager Dachau, fuhr vor. Thuman, davon verständigt, verließ eilends seine Dienststelle und traf gerade noch rechtzeitig ein.
Der Major ordnete an, daß der Mann zuerst ihm vorgeführt werden müsse.
»Er ist«, sagte er, »ein Maler und somit ein Narr.« Er ist, schrieb er schließlich in den Bericht über die Angelegenheit, der meinem Vater das Leben rettete, nicht ganz zurechnungsfähig. Gefährlich jedoch ist er nicht. Er, Thuman, werde ihn in persönlichen Gewahrsam nehmen. Er werde ihn malen lassen, da richte er keinen Schaden an. Und er ließ ihn Häuser von Nazi-Bonzen, draußen auf dem Land, innen und außen verzieren und bemalen und gab ihm einen Handlanger bei. Der sprach nicht viel,

war auch nicht sehr anstellig, aber ein anständiger Kerl und gewiß kein Nazi. Später, lang nach dem Krieg, als ich Arbeit suchte und es den Herrn Major immer noch gab und als ich so leicht keine Anstellung fand, sagte Thuman zu meinem Vater:
»Sie haben doch im Krieg mit dem X. gearbeitet.«
»Ja, und«, sagte Papa, »der hat nicht viel getaugt als Maler.«
»Das konnte er auch nicht, er ist Jurist, und heute Präsident einer großen Versicherungsgesellschaft.«
Die Furcht vor dem, was auf dem Kasernenhof beinahe geschehen wäre, stieg in Georg erst auf, als er Anna davon erzählte und den Zorn in ihren Augen aufblitzen sah. Sie schlug ihm einen Riesenkrach und ließ keinen Zweifel daran, was sie von seiner Blödheit hielt.
»Durch diese Zeit«, ermahnte sie ihn, »kommen wir nur mit Schläue. Hast du immer noch nicht begriffen, daß Mut Dummheit ist?«
Und als ihr der Befehl ins Haus flatterte, sich am soundsovielten, abends um soundsoviel Uhr, im Hofbräuhauskeller einzufinden, um an einem Schulungskurs für irgend etwas für die Wehrmacht teilzunehmen, nahm sie mich mit.
»Was wollen Sie mit dem Kind?«, fuhr man sie an.
»Ich kann es doch nicht zuhause lassen, allein, wenn ein Angriff kommt . . .«
»Haben Sie niemand?«
»Nein.«
»Nachbarn?«
»Nur sehr alte Leute.«
Anna sah dem Mann in die Augen und hob mich ihm entgegen. Ich lachte ihn an, weil ich das grundsätzlich bei

Männern tat, so hatte ich es schon im Kinderwagen gehalten. Beugte sich ein Mann über mich, war ich lieb und freundlich, bei Frauen fing ich an zu schreien.
Der Mann wies Anna einen Platz an. Ich saß auf ihrem Schoß. Der Mann begann mit dem Unterricht.
»Magst nicht ein bißchen schreien«, flüsterte Mama.
Ich begriff nicht. Schreien? Dagegen hatte sie doch sonst etwas.
Mama half nach und zwickte mich. Ich quietschte. »Scht«, machten die Frauen ringsum und schauten böse auf mich. Frauen, lauter Frauen. Mama zwickte mich nochmal, fester, so, daß es weh tat. Ich brach in Tränen aus. »Scht«, zischten die Frauen, und die steilen Falten in ihren Stirnen vertieften sich. In dem kaum beleuchteten Saal mit den dicht verhangenen Fenstern stand stickige Luft. Das weinende Kind bot allen den willkommenen Anlaß, ihre nervöse Spannung, ihre schlechte Laune, Ärger, Angst, Sorgen, kurzum alles, was die alleingebliebenen Frauen in diesen Kriegsjahren bewegte, abzureagieren. Sie begannen, auf mich und Mama einzuschimpfen. Und da war's geschehen: ich schrie, was das Zeug hielt. »So geht das nicht«, herrschte der Mann meine Mutter an, »wenn das Kind keine Ruhe geben kann, können wir Sie hier nicht brauchen, gehen Sie nach Hause.«
Anna murmelte etwas von sehr leid tun und von Entschuldigung und ging. Sie wurde vom Schulungskurs freigestellt.

Papa wurde trotz Major Thuman erneut an die Front geschickt. Und wieder lag er im Lazarett und wieder kam er nach Hause, noch magerer, noch grauer im Gesicht. Thuman sorgte dafür, daß er endgültig der Standortbe-

treuungs-Abteilung München zugeteilt wurde, und beförderte ihn zum Obergefreiten. Und wieder flickte er in seiner freien Zeit unser Haus zusammen. In alten Papieren findet sich ein vergilbtes Blatt, eine Bestätigung darüber, daß die Wohnung des Obergefreiten Georg Wilhelm in München, Jugendstraße 1, beim Luftangriff vom zweiten auf den dritten Oktober 1943 bombenbeschädigt »B« wurde. Versehen mit Stempel und Hakenkreuz und unterschrieben! Genützt hat es nichts.
Ein Jahr später gab es kein Gas, kein Wasser, kein Licht mehr in der Stadt. Frauen und Kinder wurden zwangsevakuiert. Der Weg von der Jugendstraße zum Holzkirchner Bahnhof ist meine zweite Kindheitserinnerung. Papa trug mich und einen kleinen Koffer. An Papas Seite ging Mama, auch mit einem Koffer. Die Zweibrückenstraße herunter vom Gasteigberg, jene Straße, die die beiden vor gar nicht so langer Zeit jung, streitend und unbeschwert in ihrem Dreirad-Auto in Gegenrichtung durchhüpft hatten, war in eine wilde, rauchende Trümmerlandschaft verwandelt. Häuser brannten, Balken schwelten, Mauern stürzten donnernd ein. Auf der Fahrbahn lagen Steine, Holz, Sand, Einrichtungsgegenstände, zertrümmert, verkohlt. Der von den Flammen entfachte Sturm brauste über uns dahin. Gleichzeitig herrschte ein ungeheurer Lärm und eine atemlose Stille. Die Stille ging von den Menschen aus. Sie waren unterwegs, sie schwiegen. Meine Eltern kämpften sich vorwärts, durchs Tal, über den Marienplatz, durch die nicht mehr erkennbare Kaufingerstraße. Endlich kamen wir zum Bahnhof. Der Hauptbahnhof lag zerstört. Die Züge sollten ab Holzkirchnerbahnhof fahren. Es herrschte unbeschreibliches Chaos. Papa hieß uns in einer Ecke warten, während er

versuchte, den Zug zu finden. Tiefflieger donnerten über unsere Köpfe hinweg. Immer wieder kam mein Vater zu uns zurück, aber immer noch hatte man ihm nicht sagen können, wann, von welchem Gleis, wohin und ob überhaupt ein Zug gehen würde. Nach stundenlangem Herumsuchen, Herumstoßen und Gestoßenwerden, bugsierte er uns in einen Waggon. Wir saßen im Abteil, zwischen unseren Füßen standen Leute. Koffer überall. Der Zug sollte nach Tölz, Lenggries gehen. Würde er abfahren, bevor der nächste Angriff kam, würde er unterwegs beschossen werden? Papa, draußen auf dem Bahnsteig, starrte durch das schmutzige Fenster zu uns herein. Die Gesichter meiner Eltern schienen seltsam leer. Plötzlich ruckte die Lokomotive, fauchte, zog an, zog die an ihr hängenden Wagen langsam aus dem Bahnhof. Das Gesicht meines Vaters verschwand. Anna brach in hemmungsloses Schluchzen aus.

Evakuierte Städter, zornige Bauern

Die Lenggrieser Bauern empfingen die evakuierten Frauen mit ihren Kindern ohne Freude. Die Frauen brachten Einquartierungsbefehle mit. Da war nichts zu machen. Man mußte zusammenrücken auf den Höfen und die Stadtleute hereinlassen.

Lenggries ist ein großes, weitläufiges Dorf in einem sanften Tal. Der Kirchturm beherrscht die Landschaft, weit mehr als die Silhouette der Berge.

Unser Bauernhaus lag hinter der Kirche, drüben überm Bach. Es war mit einem anderen zusammengebaut, Balkon schloß sich an Balkon, Dachfirst an Dachfirst. Groß war es nicht, ebensowenig der Stall, und der Vorgarten. Es gehörte den Hundeggers. Die alte Hundeggerin, ein schon verhutzeltes Weib, obwohl erst Mitte fünfzig, hatte ihrem Mann vier Kinder geboren, zwei Söhne, die im Feld standen, und zwei Töchter. Die älteste, über dreißig, lebte in Scheidung und die jüngste, Anneliese, ein Nachzügler, gerade zehn Jahre alt, war ein rechter Treibauf. Der Hundegger schien nie etwas anderes zu tun, als seine lange Pfeife zu rauchen, entweder drinnen in der Stube oder draußen auf der Hausbank. Er flößte mir großen Respekt ein, obwohl er mich nicht beachtete, genausowenig wie die Mütter der Kinder, die man ihm ins Haus gesetzt hatte. Drei insgesamt: die Frau eines Münchner Kunstmalers mit ihrer zehnjährigen Tochter und einem sechzehnjährigen Sohn, dem Helmuth, der an epileptischen Anfällen litt, Mama und mich und dann noch eine Tschechin mit ihrem Buben, dem Peter, der sechs war. Die Tschechin, Frau eines deutschen Offiziers, unsere Sprache charmant radebrechend, kam dem Hundegger nicht geheuer vor. Womöglich war sie eine rechte Hur'. Auch mit ihm tat sie immer so herum und er wußte nicht, ob ihm das nun gefiel oder ob es ihn abstieß. Die Frauen lebten mit ihren Kindern in drei kleinen Kammern im ersten Stock. Sie durften die Küche benützen. Viel zu kochen hatten sie nicht. Auf die Lebensmittelmarken bekamen sie kaum noch das Nötigste und von den Bauern war natürlich nichts zu erwarten, sie litten selber Not. Im Krieg nämlich gaben die Kühe plötzlich viel weniger Milch, die Hennen legten schlecht und das Korn mochte auch nicht so wachsen, wie in den Zeiten, wo teuer dafür bezahlt werden konnte. Die Atmosphäre zwischen Land- und Stadtbevölkerung wirkte wie elektrisch aufgeladen.

Trotzdem, wenn Mama später, sich zurückerinnernd – und sie tat es gern – von Lenggries erzählte, schien unser Leben dort bunt und eher heiter gewesen zu sein.

Die in Wirklichkeit begrenzte Welt des Dorfes breitete sich für mich unendlich weit: die großen, stolzen Gehöfte, die Stallungen, die kleinen Austragshäuser daneben, die vor den Häusern liegenden Gärten mit Lilien, Pfingstrosen und Malven und die großen Gärten hinter den Häusern, mit den Obstbäumen und Wiesen, die Hauptstraße, an der die Wirtshäuser standen, die Ochsenkarren

und die Pferdefuhrwerke. In dem lieblichen Tal stehen die Berge dem Auge wohltuend entfernt. Die Wiesen verlaufen hinterm Dorf sanft die Hänge hinauf, riesige Bäume breiten ihre Kronen über die Wege.
Mit meinen vier Jahren erlebte ich erstmals eine große Hausgemeinschaft, viele Menschen, junge und alte, andere Kinder und Tiere, Enten, Hühner, eine Kuh, eine Katze und Geißen. »Goaßenteifi«, nannte sie die Hundeggerin, »überall fressns umeinander!« Sie schimpfte und schaute befriedigt zu, wie ihre »Goaßenteifi« im Garten des Nachbarn die Sträucher kahl fraßen.
Anneliese, die Tochter der Hundeggerin, Hannelore, der Sprößling des Kunstmalers, und die Freundinnen der beiden, solche aus der Stadt und andere vom Dorf, nahmen mich begeistert in Empfang wie eine große Puppe, spielten mit mir, herzten mich, zerquetschten mich beinahe und hätten wohl auch gern probiert, wie es wäre, wenn man mir, wie den Stoffpuppen, einen Arm ausreißen würde, um mich und ihn zum Wiederannähen in die Puppenklinik zu bringen. Gegen diese Übermacht großer Kinder benötigte ich Schutz. Ich fand ihn in Peter, dem sechsjährigen Sohn der Tschechin, in dem etwas wie ritterliche Männlichkeit und die ersten zarten Gefühle für das andere Geschlecht erwachten. Peter bemalte einen großen alten Pappkarton, polsterte ihn mit zerschlissenen Kissen, sagte mir, das sei ein Auto, und lud mich ein, mit ihm um die Welt zu fahren. Im Winter und bei schlechtem Wetter fuhren wir in der großen Bauernstube um die Welt, im Sommer draußen im Vorgarten, stundenlang, tagelang. Wir störten nie. Wir saßen in der Kiste. Peter zeigte mir fremde Länder und sprach nach und nach immer mehr deutsch statt tschechisch.

Er erlernte unsere Sprache schnell und gut, und eines Tages erschien das Fräulein von der Schule bei Frau Wahl, der Tschechin, um Peter dorthin abzuholen.
Traurig und allein saß ich von da an vormittags in dem Karton, wartend, daß die Schulstunden zu Ende gingen. Peters Mutter verschwand von Zeit zu Zeit für ein paar Tage. Kein Mensch wußte wohin. Vielleicht nach München? Sie selber hüllte sich in Schweigen, verriet nichts, auch nicht, woher das Fleisch, die Butter, der Schinken, der Zucker und dergleichen Kostbarkeiten mehr kamen, die sie bei ihrer Rückkehr mitbrachte.
Es geschah, daß Peter, als sie gerade wieder einmal verreist war, am hellen Vormittag, ohne Schultasche, die Straße an der Kirche entlang und über die Brücke auf das Haus zuspazierte. Mama saß davor auf der Bank, ich in der Kiste.
»Peter«, rief meine Mutter, »was ist los? Warum bist du nicht in der Schule?«
»Das Fräulein«, antwortete Peter, »hat mir eine heruntergehauen.«
»Ja, und? . . . «
»Da bin ich gegangen. Und ich geh' auch nicht mehr hin. Zu der! Die Schulsachen kann sie behalten.«
»Das darfst du doch nicht machen. Du mußt in die Schule gehen, du mußt etwas lernen.«
»Mich interessiert nicht, was ich da lernen soll«, antwortete Peter und stieg zu mir in den Karton.
Er ließ sich durch nichts bewegen, in die Klasse zurückzukehren und blieb auch am nächsten und übernächsten Tag zuhause.
Schließlich kam das Schulfräulein zu uns ins Bauernhaus, fragte nach Peters Mutter, und weil diese nicht da war,

sprach sie mit der meinen. Gemeinsam redeten sie auf den Buben ein. Er blieb fest. Er wollte nicht mehr. Es dauerte eine Woche, in der die Lehrerin ihm täglich einen Besuch abstattete und Geschenke mitbrachte, bis er sich herbeiließ, in die Schule zurückzukehren.
Die Vormittage verbrachte ich nun wieder nur zusammen mit Mama, die in Heimarbeit Lederschnallen an Brotbeutel für die Soldaten nähen mußte, eine amtlich aufgezwungene Beschäftigung, für die sie keine Begeisterung aufbrachte. Sie haßte nähen.
Ich spielte allein vor mich hin, mit meiner Puppe, mit Blumen, mit ein bißchen Dreck. Mehr besaß ich nicht und doch gehörte mir viel, alles, was es ums Haus herum gab, der Bach zum Beispiel. Er faszinierte mich über die Maßen und jagte mir selbst dann keine Angst ein, als er im Frühling gewaltig anschwoll und über die Ufer trat. Er riß große Äste mit sich, die Enten plantschten herum und wurden von der schnellen Strömung rasch weggetrieben. Ich verspürte eine unwiderstehliche, elementare Lust, es ihnen gleichzutun.
Zum Glück saß der Hundegger in der ersten Frühlingssonne auf der Hausbank und sah, wie der hochwasserführende Bach, tief und reißend, mich plötzlich wie eine Feder davontrug, die kleinen Wellenberge hinauf- und hinunterschleudernd.
Der alte Bauer rannte und mit ihm lief Helmuth, der Epileptiker. In letzter Minute erwischten sie mich und fischten mich heraus. Mama kam nicht dazu, mir die wohlverdienten Prügel zu verabreichen, sie konnte mir nicht einmal sofort eine Standpauke halten, denn Helmuth bekam seinen Anfall und ließ das Haus, wie jedesmal, in helle Aufregung geraten. Die Kinder wurden

rasch aus der Stube gedrängt, der Hundegger riß sein schmutziges Taschentuch aus der Hosentasche, um es dem Buben in den Mund, zwischen die Zähne zu stopfen, damit er sich die Zunge nicht abbiß, Helmuths Mutter hielt ihm den Kopf und die meine lief nach hinten zum Clo, wo sie sich übergab. Ihr wurde schlecht.

Mamas Magen drehte sich überhaupt häufig um. Wann immer ich mich erbrechen mußte, ob als Kind oder später, sie erbrach sich mit. Wir erbrachen uns gemeinsam auf der Wies'n nach dem Achterbahn- oder Karussellfahren, wir mußten jeden Omnibus nach kurzer Zeit aus eben diesem Grund verlassen, ja sogar Theateraufführungen, in denen ein Regisseur meinte, das tägliche Leben besonders realistisch zeigen zu müssen. Papa ertrug diese unsere Eigenart mit heroischer Ruhe, hielt auf der Kesselbergstraße, die vom Kochel- zum Walchensee in vielen Serpentinen hinaufführt, mindestens dreimal an und baute im übrigen ins Haus in der Jugendstraße nicht zuletzt aus diesem Grund in jedes Stockwerk eine Toilette.

Bei Hundeggers gab es nur eine einzige, und als Mama daraus kreidebleich wieder zum Vorschein kam, um mich trockenzureiben und mir neue Kleider anzuziehen, verzichtete sie darauf, mich zu verhauen, lachte und weinte ein bißchen, schimpfte dann aber doch lang und nachdrücklich.

Für mich bedeutete Natur Abenteuer. Nie zuvor hatte ich mich im Gras gewälzt, war von der Tenne auf einen Wagen voller Heu gesprungen, hatte Bäume erklettert und Heuschrecken im Schürzentascherl herumgetragen, in das sie regelmäßig hineinschissen. Sehr zum Ärger von Mama. Die Bauernkinder unternahmen alles wie selbst-

verständlich und ich machte mit. Wie aber sollte ich herausbekommen, wo Gefahren lauerten und worüber Mama böse werden würde?
Eines Tages setzte mich Anneliese beim Versteckspielen hoch oben in die Astgabel eines Ahornbaumes, weil mich da bestimmt niemand finden würde – und vergaß mich. Erst beim Abendessen, als alle rund um den großen Eßtisch versammelt waren, bemerkte man mein Fehlen. Die Kinder überlief es heiß und kalt. Nach langem Zögern wagten sie zuzugeben, wo sie mich gelassen hatten. Mama lief, allen voran, aus dem Haus, durchs Dorf, vorbei an den letzten Höfen und über die Wiesen hinauf zu den Bäumen, wo wir gespielt hatten. Da saß ich in meiner Astgabel, traumverloren, und betrachtete die Welt der Blätter, die Vögel, das Spiel des Windes in den Zweigen und das Licht des verrinnenden Tages. So, wie die anderen mich vergessen hatten, hatte ich sie vergessen.
Ich brachte viel Aufregung in das Leben meiner Mutter. In das meine trugen die Bauernkinder Ärger und Unruhe. Hinterm Haus, eine kurze Strecke Wegs entfernt, stand eine alte, halb verfallene Scheune, die niemand mehr benützte, nur wir Kinder. Wir saßen nachmittagelang oben auf dem Heuboden und spielten. Am liebsten Familie. Und weil Familien dreimal am Tag essen, mußte dort auch gegessen werden. Die Bauernkinder erfanden ein Menü, zu dem sie nicht mehr als ein paar getrocknete Pfefferminzblätter beisteuerten. Uns überließen sie es, Haferflocken und Zucker mitzubringen. Und ausgerechnet von mir, der kleinsten, verlangten sie den Zucker. Mama verwahrte ihn oben auf dem Kleiderschrank in einer Dose. Um an ihn heranzukommen, mußte ich den

Stuhl vor den Schrank rücken, hinaufklettern, mich steil auf die Zehenspitzen stellen und versuchen, den Deckel von der Dose zu stoßen. Die Dose vom Schrank heben konnte ich nicht, dafür war sie zu schwer und außerdem hielt ich es für zu riskant. Mama konnte ja jeden Augenblick hereinkommen. Ich kippte den Behälter also ein bißchen und ließ den Zucker auf einen danebengeschobenen Teller rieseln. Nach dem äußerst problematischen Wiederverschließen der Dose balancierte ich vorsichtig den vollen Teller vom Schrank auf den Stuhl, zwischen meine Füße, stieg dann selber hinunter und schlich, um mich spähend, mit der Beute aus unserem Zimmer, in dem nur zwei Betten, ein Tisch, ein Stuhl und der Kleiderschrank Platz fanden, hinaus auf den Gang und die Treppe hinunter. Ich mußte nur noch ungesehen aus dem Haus kommen.
Mama fand häufig Zuckerbrösel auf Schrank und Boden und wunderte sich. Sie ging sehr vorsichtig mit dem kostbaren Inhalt der Dose um und gab acht, daß sie nichts verschüttete. Ob ihr jemand den Zucker stahl? Er nahm so schnell ab in letzter Zeit. Zweifel plagten sie.
Auf mich fiel kein Verdacht. Ich war ein schlechter Esser, man konnte mir die verlockendsten Speisen hinstellen, ich kaute ewig und lustlos daran herum, mich interessierten weder Hauptmahlzeiten, noch Süßigkeiten, ich naschte nie. Es bedeutete einen schweren Schlag für Mama, als sie mich eines Tages beim Stehlen überraschte. Sie hatte sich während der Schwangerschaft zwei Eigenschaften für ihr Kind gewünscht: es sollte immer wahrhaftig sein und ganz gerecht. Ihr Wunsch ging in Erfüllung: Beide Charakterzüge haben sich in mir entwickelt, was mein Leben nicht gerade erleichtert. Ich gab auf

Mamas Frage auch sofort zu, daß ich nicht erst heute, sondern schon oft Zucker aus der Dose genommen hatte. Aber warum, das wagte ich nicht zu sagen, wie sehr sie auch in mich drang. Es wäre ja alles aufgekommen! Die anderen Mütter hätten erfahren, daß ihnen Haferflocken geklaut wurden und vor allem die – wie die Bauernkinder sagten – sehr wertvollen Pfefferminzblätter. Irgendwie kam Mama dann doch hinter die Geschichte. Sie sprach lange und ernsthaft mit mir darüber, drückte sich dunkel aus, erging sich in Andeutungen, die ich nicht verstehen und aus denen ich nur soviel herausfinden konnte, daß die Hundegger Anneliese und die anderen Bauernkinder mich hereingelegt hatten. Gerade das dürfe ich sie aber ja nicht merken lassen, ich müsse auf meiner Hut und nett zu ihnen sein. Mama selber sei ebenfalls immer freundlich zu den Bauern, weil man halt auf sie angewiesen sei, auch wenn sie den Städtern so manchen Streich spielten und der Neid sie schier auffräße.
Mama hielt sich tapfer in Lenggries. Sie schloß Freundschaft mit der Frau des Kunstmalers, schon weil sie Mitleid mit ihr fühlte. Der Maler, wegen schwerer Lungenkrankheit nicht zum Militär eingezogen, kam ab und zu auf Besuch. Tage vorher schon zitterte die Familie, und wenn er dann da war, schrie er herum, löste epileptische Anfälle bei seinem Sohn aus und schlug seine Frau. Alle atmeten befreit auf, wenn er wieder abfuhr.

Bei Frau Wahl, der Tschechin, verhielt es sich umgekehrt. Vor ihr zitterten die Männer. Ihr eigener befand sich irgendwo im Krieg, dafür kamen andere, hohe Militärs, Nazi-Bonzen, und alle brachten etwas mit. Frau Wahl tat das ihre. Sie versuchte, sich trotz Krieg und Armut at-

traktiv zu kleiden, was sich besonders in gewagten Kopfbedeckungen äußerte. Mama erzählte noch Jahre danach die Geschichte von dem Hut.
Die Tschechin wollte für ein paar Tage wegfahren und Peter mitnehmen. Geschrei drang aus ihrem Zimmer, erst Peters Stimme, dann die seiner Mutter, ein Wort gab das andere, immer lauter, die Tür flog auf, sie stritten auf dem Gang und schließlich stürmte Peter zu uns herein.
»Schaut euch das an! Mit diesem Hut soll ich mit ihr fahren«, er deutete auf seine reisefertige Mutter. Sie stand da, duftete gut, und ihre Kleider kamen mir bunt und elegant vor. Ich wußte, daß die Stoffe sich kühl und seidig anfaßten. Manchmal,wenn sie vor mir die Treppe hinaufging, berührte ich sie verstohlen und beobachtete gespannt, wie sie sich in den Hüften wiegte und ihren Popo von einer Seite auf die andere schwenkte. Ich war ganz fasziniert davon. Heute trug sie eine Art Tüte auf dem Kopf, um die bunte Schals gewickelt waren, deren Enden hinten lang herunterhingen.
»Drei Stunden hat sie an dem Ding genäht«, sagte Peter, »die Leute werden uns auslachen. Ich bleibe hier.«
»Du kommst mit«, schrie Frau Wahl.
»Wenn du den Hut aufläßt, bleibe ich zuhause.«
»Du gehst jetzt auf der Stelle mit mir zum Bahnhof, und der Hut bleibt, wo er ist, auf meinem Kopf. Der Hut ist schön.«
»Er ist scheußlich. Und ich bleibe auch, wo ich bin.«
»Peter«, versuchte es meine Mutter.
»Sag bloß«, meinte Peter, »du findest das Ding nicht komisch.«
Frau Wahl fuhr allein.
Bei ihrer Rückkehr lud sie uns ein, von den mitgebrach-

ten Köstlichkeiten, deren Herkunft im Dunklen blieb, zu essen. Ihre eigene Herkunft, über die sie geheimnisvoll und verschleiert sprach, hatte die alte Hundeggerin während ihrer Abwesenheit aus Peter herausgefragt. In sich zusammengefallen waren da die früheren Andeutungen der Frau Wahl vom reichen Herrensitz, von dem in der ganzen Tschechei bekannten prächtigen Gut. Daheim, bei der Großmutter sei es schön gewesen, erzählte Peter, ein wenig eng zwar, aber gemütlich. Da waren der große Ofen und das Bett für alle und gleich dahinter die Schweine. An ihren Geruch könne man sich gewöhnen, besonders wenn man bedenke, wie warm sie die Hütte im Winter hielten.

Die drei Frauen, wie verschieden sie auch sein mochten, hielten eng zusammen. Jede zeigte sich auf ihre Art mutig. Mama kam niemals nachts vom Kino heim, wohin sie auch in Lenggries häufig ging, ohne bei gewissen Bauern, von gewissen Holzstößen weg, eine Tasche voll Brennmaterial gestohlen zu haben.

Das Sammeln heruntergefallener Äste im Wald verboten die Bauern. Die Leute aus der Stadt taten es trotzdem, heimholen konnten sie die Beute allerdings erst nachts.

Außerdem gab es den Guck! Der Guck war eine Art Waldaufseher, aber genau wußte man das nicht. Er lebte hinten, halb auf dem Berg, in einer Hütte, kam nur selten ins Dorf und versetzte alle, auch die Bauern, in Angst und Schrecken, wenn er durch die Straßen ging oder ein Geschäft betrat. Wenn Leute im Wald waren, beim Holzsammeln, beherrschte er als furchterregendes Gespenst deren Phantasie. Er brauchte gar nicht aufzutauchen. Frau Wahl ging nicht mit in den Wald. Das Holzholen besorgten Mama und die Frau des Kunstmalers und sie

waren nicht zimperlich. Wenn sich ein Stoß aufgerichteter, dünnerer Stämme fand, nahmen sie zwei davon, faßten die Enden jeweils mit der linken und rechten Hand und schleppten die Beute, hintereinandergehend, wie eine Bahre, talwärts an den Waldrand, um sie dort bis zum Abend versteckt zu lagern.
Sie marschierten wieder einmal mit solcher Last den Berg hinab, sangen dabei, erzählten sich etwas, setzten die Füße vorsichtig, daß sie im Schnee nicht rutschten, und wären vor Überraschung und Schrecken beinahe lang hingeschlagen, als plötzlich hinter ihnen unartikulierte wilde Laute hörbar wurden. Sie schauten sich um, ließen mit Gekreisch das Holz fallen und jagten, so schnell es ging, davon. Ihnen nach sprang mit langen Beinen und mächtigen Sätzen ein Mordstrum Mannsbild, der Guck. »Euch wenn i derwisch, euch wenn i derwisch!« schrie er gellend. Die Frauen erreichten, ohne daß er sie erwischt hatte, den Waldrand und die Felder, wo Bauern mit der Gabel den Mist ausbreiteten. Der Guck blieb unter die Tannen und Fichten gebannt.

Daß es zwecklos war, die Bauern um Milch, Eier oder gar Butter zu fragen, wußten die evakuierten Frauen. Nur die alte Hundeggerin schob mir manchmal einen Becher Geißmilch zu, die sehr gesund sein sollte. Die Not trieb Mama und Frau Wahl, trotzdem zu versuchen, wenigstens Fallobst zu bekommen, gegen Bezahlung selbstverständlich. Die Birnen lagen halb verfault auf der Wiese. Wespen taten sich an ihnen gütlich.
»Na, na, abgeben können wir nix«, brummte der Bauer auf die Frage der Frauen, ob sie das Fallobst aufheben dürften, »des brauch' ma alles selber.«

Mama ließ niedergeschlagen den Kopf hängen, Frau Wahl spuckte aus und die Frau des Kunstmalers, der sie daheim von dem Schneidergang berichteten, sann auf Abhilfe. Der Tag ging zu Ende, die Nacht brach an. Die drei Frauen besuchten eine Vorstellung im Kino und machten dann einen kleinen Umweg. Sie hatten Einkaufsnetze dabei. Die Frau des Kunstmalers stieg bei dem geizigen Bauern, gerade da, wo der Birnbaum stand, über den Zaun.

»Und wenn der Hund kommt!«, zitterte meine Mutter. Sie fürchtete Hunde wie sonst nichts auf der Welt.

»Da kommt keiner«, meinte Frau Wahl und stieg auch über den Zaun, »bleiben Sie draußen und passen Sie auf, ob sich jemand nähert.«

Die drinnen sammelten nicht das Fallobst, sondern pflückten die Früchte direkt vom Baum, schöne, feste, und da er noch jung und niedrig war, leerten sie ihn gänzlich.

Hundeggers bemerkten wohl, daß es bei uns im ersten Stock mit einem Mal süß roch, so wie nach Birnen. Aber sie schwiegen, denn sie waren nicht gut zu sprechen auf den Protzen mit dem großen Obstgarten und dem vielen Vieh. Der Bestohlene hegte einen Verdacht, einen ganz bestimmten, sprach ihn aus, trumpfte damit auf in der Wirtschaft, sah den Hundegger durchdringend an und drohte, den Hund auf die Weiber, die städtischen, zu jagen. Der Hundegger rauchte seine Pfeife und schwieg.

Der Bauer ließ sich Zeit. In den Rauhnächten würde er es den Frauen schon heimzahlen. In den Rauhnächten gab es einen alten Brauch: man spielte im Dorf in Masken Wotans wilde verwegene Jagd. Verkleidet lauerte der Bauer zusammen mit anderen den Frauen auf, als sie

eines Abends zwischen Weihnachten und Neujahr aus der Kirche kamen, und hetzte sie durchs Dorf. Die Männer sahen gespenstisch, zum Fürchten aus mit den geschnitzten Masken vor den Gesichtern, unheimlich war ihr Gekreisch, grausam griffen sie zu. Anna entwischte ihnen, sie war leichtfüßig und schnell. An der Frau des Kunstmalers, der ältesten von den dreien, fanden sie keinen besonderen Spaß. Nur die Tschechin, die war nach ihrem Gusto und machte mit.
Der alte Bauer vergaß die Rache, griff hinein in den Busen und den drallen Hintern, der sich ihm bot, nahm die Maske ab, warf sie weit in den Schnee und küßte den Mund der Birnendiebin, bis sie ihn biß. Gellend schrie er auf und ließ ab von ihr. Frau Wahl traf als letzte zuhause ein, arg zerrupft, mit übermütigem Gelächter. Der Bauer zeigte sich tagelang nicht, kam nicht zum Eisstockschießen und nicht ins Wirtshaus, nahm nicht teil am Neujahrs-Hochamt. Er habe, sagte seine Frau, einen schweren Fall getan und sich dabei die Lippe aufgeschlagen. Die untere Gesichtshälfte sei arg geschwollen.

Mit ihrer Christenpflicht nahmen es die Lenggrieser genau. Sie sagten »vergelt's Gott« und »seng's Gott«, grüßten und verabschiedeten sich mit Gott, bauten ihn ein in ihre kräftigen Flüche und gingen alle Sonntag ins Amt oder in die Frühmesse. Sie hörten der Predigt des Pfarrers zu, bis sie einschliefen. Sie verstanden ihren Inhalt nicht, weil es sich bei dem alten Herrn um einen Professor handelte, den der Krieg ins Dorf verschlagen und der zuvor einen Lehrstuhl für Theologie an der Münchner Universität innegehabt hatte.
Im Mai besuchte man die Maiandacht und ab Oktober

betete man zuhause, beim Einbruch der Dämmerung, den Rosenkranz. Auch Hundeggers beteten. Mama und die Frau des Kunstmalers versuchten mitzutun, scheiterten jedoch an der eigenartigen Melodie, dem seltsamen Rhythmus, dem ungewohnten Zusammenziehen von Worten und dem rasanten Tempo, in dem die Gebete hergesagt wurden.

Das Ave Maria hörte sich ungefähr so an:

GääägrisetseistuMaria volldärGnadä
därHär ischtmitdirundmitdeinemGeistäää
Gäääbänädeitbistdu unterdänWeibärn
usw. usw.

Und mitunter flocht die vorm Herrgottswinkel unterm Kreuz knieende Hundeggerin, leicht nach rückwärts zu ihrem Mann gewandt, der nah beim Ofen das bruzzelnde Abendessen überwachte, genaue Aufträge ein:

GäägrisetseistuMaria – Oider, dua an
Hoafa vom Ofa weg – mit deinemGeistäää ...

Der Winter dauerte an, auch der Krieg, die Angst, die Unsicherheit, der Hunger und die Langeweile. Ob Mama nicht einmal Skifahren wolle, fragte die älteste Tochter der Hundeggerin, sie würde die ihren herleihen. Das Angebot klang verlockend. Mama war vor dem Krieg Ski gefahren und gar nicht so schlecht. Sie fühlte sich aus der Übung und wollte es zuerst einmal an einem kleinen, einem möglichst sehr kleinen Buckel probieren, hinterm Haus, die Tenne hinunter. Bloß, wenn die Bauern sie sähen, wie würden sie lachen! Am besten, man versuchte es in der Nacht, der Schnee machte ja hell.

Spät am Abend, vor dem Zubettgehen, schlichen die drei Frauen hinaus. Mama schnallte die Ski oben, vor dem Tor des Stadels, an, stieß sich mit den Stöcken ab, sauste hinunter, beugte sich vor, weit, zu weit, geriet ein wenig aus der Spur, lenkte seitwärts schräg, tat einen Satz und einen Sturz und fuhr kopfüber in die Odelgrube. Die anderen zogen sie heraus, die Hundeggerin schürte das Feuer im Ofen nochmal an, bereitete viel heißes Wasser und meine Mutter gab das Skifahren auf.

Mit Schneeschmelze und Märzenveilchen kündigte sich der Frühling 1945 an, der Hundegger saß wieder auf der Hausbank, seine Älteste brauchte sich nicht mehr scheiden zu lassen, sie war Witwe geworden inzwischen. Der zweite Weltkrieg tötete weiter und weiter und ging doch seinem Ende entgegen, die Alliierten würden hoffentlich bald da sein, der Wahnsinn ein Ende haben. Alles, was kam, konnte nur besser sein als dieses tausendjährige Reich.

Unvermutet, unerwartet traf Papa in Lenggries ein. Er hatte seine Uniform weggeworfen, das Malergewand übergezogen, ein altes Fahrrad organisiert und vorne an die Lenkstange einen Milchkübel gehängt. So getarnt, wobei er sich eine besonders gute Wirkung von dem Milchkübel versprach, war er von München nach Lenggries geradelt, in der Tasche als wertvolles Dokument den Entlassungsschein der Standort-Betreuungsabteilung München, versehen mit Stempel und dem Datum des vierundzwanzigsten April 1945. Papa hob dieses Blatt sorgfältig bis zu seinem Tode auf, und ich verwahre es weiter:
»Der Obergefreite Georg Wilhelm der Standortbetreuungs-Abteilung München wird unterm heutigen aus dem

Wehrdienst entlassen. Grund: Auflösung der Dienststelle.
Ärztliches Entlassungsurteil: nicht einsatzfähig.
Entlassungsort: München, Jugendstraße 1.
Überwiesen: W.B.K. II München
Bevorzugte Arbeitsvermittlung (WFVG, § 33, Abs. 3)
Belehrt über Fürsorge und Versorgung.
Unterschrift: Max Thuman, Major.«

Papa nahm den Zettel aus den Händen seines Majors in Empfang, schlug noch einmal die Hacken zusammen, dankte, schloß das Haus in der Jugendstraße so gut es ging ab und wollte nur noch eines: zu uns gelangen. Er hoffte, die Berge zu erreichen, ohne den letzten, unentwegten Nazis oder den ersten Amerikanern in die Hände zu fallen. Und er schaffte es unter Aufbietung aller Kräfte. Knapp. Wenige Stunden nach seiner Ankunft drangen Schüsse vom Eingang des Tales her.
»Die Ami kommen!«, jubelten die Leute.
»Nix g'wiß woaß ma net«, sagten bedächtig die alten Bauern.
Sie schienen froh um den jungen Mann aus der Stadt, der ihnen half, Frauen und Kinder, ein paar Habseligkeiten, Verpflegung für einige Tage, und nicht zuletzt sich selbst und ihr Geld eilig nach hinten zu bringen, in die Berge, wo die Alten Höhlen zum Unterschlüpfen wußten. Der Schritt der Bauern auf der Flucht dorthin blieb dennoch gemessen. Der Zug, der sich aus dem Dorf über die Wiesen, dem Wald entgegen, den Berg hinauf bewegte, glich ruhig dahinströmend einer Prozession. Voran die Frauen mit den Kindern, viele der Bäuerinnen in Tracht, hinter ihnen die Burschen und schließlich die alten Män-

ner, Stöcke in der Hand, Rucksäcke auf dem Buckel. Wie damals, als wir von der Jugendstraße zusammen mit vielen Menschen zum Bahnhof gegangen waren, schwiegen wir auch jetzt, alle. Wir erreichten den schützenden Wald, die Schüsse drangen näher, immer näher, die Amerikaner mußten bald im Dorf sein.

Der Pfarrer, der Bürgermeister und noch einer, mein Vater, erwarteten sie, alle drei keine Nazi. Sie übergaben ihnen das Dorf, und die Ami besetzten es. Sie ordneten an, daß die Leute in ihre Häuser zurückkehren sollten, freilich müßten sie noch etwas enger zusammenrücken, die Besatzungsmacht brauchte Quartiere.
In unser Zimmer zog ein Offizier. Mama rechnete es ihm hoch an, daß er außer unseren guten Frottierhandtüchern, die er mit seinen Rasierklingen zerschnitt, nichts kaputt machte. Die wenigsten Leute kamen so glimpflich davon wie wir. Es gab Häuser, die sahen, nachdem die Amerikaner sie verlassen hatten, aus, als hätten wahnsinnige Wilde darin gehaust. Unser Ami muß eine verhältnismäßig gute Erziehung genossen haben. Er kam sogar auf Besuch zu uns in die Holzlege, in der wir inzwischen wohnten. Dem Bauernhaus gegenüber, auf der anderen Straßenseite, standen mehrere Schuppen aneinandergereiht. Sie gehörten zu verschiedenen Gehöften und dienten zum Aufbewahren des Brennmaterials. Gut, daß der Winter vorbei und das Holz beinahe aufgebraucht war. Wir lebten beengt, zu dritt auf fünf Quadratmetern, mit ein paar Decken, Kleidern, etwas Geschirr. Nachts froren wir erbärmlich auf dem Lager auf nacktem Boden. Aber wir lebten, wir waren durch den Krieg und das Hitler-Regime gekommen, alle drei, und wir fühlten uns sehr

glücklich. Ich mich auch. Von meinen Eltern ging eine unwiderstehliche Welle von Freude und Heiterkeit auf mich über.
Niemand ahnte, wie schwer die Zeit werden würde, der wir entgegengingen.
Nach ein paar Wochen durften wir in unser Zimmer zurück. Frau Wahl zog nicht mehr bei Hundeggers ein, sie poussierte mit dem amerikanischen General, radebrechte charmant englisch, lebte in Saus und Braus und ließ uns ab und zu eine Tafel Schokolade zukommen.
Als Papa uns wieder in einer ordentlichen Unterkunft wußte, schwang er sich aufs Rad und fuhr nach München. Im Fall, daß das Haus die letzten Angriffe heil überstanden hatte, mußte jemand da sein, um es vor Plünderungen zu schützen.

Mama sah bald keinen Grund mehr, in Lenggries zu bleiben. Zu Essen bekamen wir auf dem Land so wenig wie in der Stadt, und wenn wir schon hungern mußten, wollte sie es lieber daheim tun, bei ihrem Mann, in ihrem eigenen Haus. Sie packte unsere Sachen. Neben den beiden Koffern türmte sich ein Haufen Feldtaschen und ein anderer mit Lederschnallen, die sie nicht angenäht hatte.

Durch Lenggries zogen heimkehrende deutsche Soldaten, ausgemergelt, todmüde, verhungert, zerlumpt. Mama weinte bei ihrem Anblick und sah voller Abscheu auf die prallen Ärsche der Amerikaner, obwohl sie wußte, daß die einen für ihr Aussehen so wenig konnten, wie die anderen.

Es war Sommer, als wir das Dorf verließen. Auf den fetten Weiden stand fettes Vieh, das Getreide wuchs, die Obstbäume bogen sich unter der Last der Früchte.

In München räumten abgezehrte, hungernde Menschen, oft mit bloßen Händen, den Schutt von den Straßen. Die Hälfte der Stadt war zerstört worden.

Der Krieg ist vorbei, nicht aber der Kampf ums Überleben

Das Haus in der Jugendstraße hatte den Krieg überstanden. Etwas lädiert zwar. Mein Vater stahl, nach seiner Rückkehr aus Lenggries, aus den umliegenden zerstörten Gebäuden Fensterstöcke, Türen, Türklinken, Dachziegel, Bretter, er stahl – oder organisierte, wie man damals sagte – wie alle anderen, was er brauchte, und er konnte nahezu alles gebrauchen, um bei uns zu ergänzen, was kaputt- oder verlorengegangen war.

Als Mama und ich heimkamen, führte er uns zu allererst und ohne auf Mamas Fragen zu antworten, auf den Speicher – vor die Sandkiste.

»Wir hatten Glück«, sagte er bedächtig, »hier, direkt drüber«, er zeigte auf das Dach, »war ein Loch, und hier drin«, er zeigte in die Kiste, »lag eine Brandbombe. Sie ist im Sand erstickt. Wenn sie einen Meter daneben gefallen wäre, ständen wir jetzt auf der Straße.

»Mein Gott«, sagte meine Mutter und Schluchzen stieg in ihr auf, »wir können nicht genug danken.«

Ein ungeheures Krachen hielt sie davon ab, in Tränen auszubrechen.

»Was war das?«

»Reg dich nicht auf«, meinte Georg, »da ist nur wieder irgendwo ein Stück Plafond heruntergefallen.« Eilig ver-

ließen wir den Speicher und fanden in meinem kleinen Schlafzimmer, ausgerechnet im Bett, die Bescherung. »Es hält nicht, nicht ums Verrecken, man bekommt keinen Zement, keinen Mörtel, keinen Gips«, schimpfte Papa.
Vorm Einschlafen besah ich mir den braunen Fleck an der Decke, die frei liegenden Bretter, dazwischen so etwas wie Stroh, Reste von Verputz daran, und entdeckte in den Rändern des Loches Gesichter, Figuren, Bäume, ganze Landschaften. Mich störte der Fleck nicht.
Hysterisch wurde nur Anna, jedesmal mehr, wenn ein Krachen anzeigte, daß sich wieder irgendwo die Zimmerdecke gelöst hatte. Eine Wolke weißen Staubs dampfte in dem betreffenden Raum, und Mörtel lag auf Möbeln, in Vasen, auf dem Fußboden, in Schüsseln und Töpfen, im Ehebett, je nachdem.
Das Leben war beschwerlich wie noch nie, der Hunger plagte die Menschen, sie kämpften sich müde.

Zu allererst ging es darum, den eigenen Lebensraum einigermaßen wieder herzustellen. Im obersten Stock unseres Hauses bewohnte seit Kriegsende eine geschiedene Frau in mittleren Jahren zwei Zimmer. Sie nannte sich Magda Spanner und arbeitete in der Bank als Bankbeamtin, ein Titel, auf den sie Wert legte. Früher hatte sie Leni Radelmeier geheißen und ihr Geld als Störnäherin auf niederbayerischen Dörfern verdient. Ihrem geschiedenen Mann verdankte sie den vornehmen Namen und der männerlosen Kriegszeit ihren sozialen und beruflichen Höhenflug. Mein Vater haßte sie von Anfang an und ließ sich im Zorn hinreißen, ihr ins Gesicht zu schleudern, er wäre an Stelle ihres Mannes nicht von ihr geschieden, sondern er säße im Zuchthaus. Er hätte sie nämlich erschlagen. Auch

Mama entwickelte ein besonderes Verhältnis zu der Untermieterin, das allerdings erst nach der Währungsreform, als Frau Spanner anfing, auf ihre Figur zu achten, seine dramatischen Höhepunkte erreichte. Vorerst, zur kargen Zeit der Lebensmittelmarken, war sie eine runde, hübsche Person, die den zugeteilten Brotwecken angebissen, oft halb schon auf der Straße aufgegessen, vom Bäkker nachhause brachte.

Ich liebte die Spannerin und erklomm die steilen Stiegen zu ihr hinauf, wann immer ich drunten, bei meinen Eltern, Ärger gehabt hatte. Sie hörte meine Sorgen geduldig an, erzählte mir lustige Geschichten vom Land und solche von Geistern, auf die ich wie wild war, und nähte nebenbei aus alten Sachen und Resten Kleider und Schürzen für mich, auch die verhaßten Schreib-Ärmel, schwarze Stoff-Röhren, mit einem Gummizug hinten und vorn, die ich in der Schule an den Unterarmen tragen mußte, um die Kleider zu schonen.

Im zweiten Stock gab es noch ein Zimmer. Es stand bei unserer Rückkehr leer. Aber nicht lange. Zwei Männer wurden einquartiert.

»Arme Teufel«, sagte Anna und richtete mit Liebe und viel Phantasie den Raum behaglich her. Die Männer wußten das nicht zu schätzen; sie hausten wie die Schweine.

»Mit diesen Saubären«, sagte Frau Spanner, »kann ich die Toilette nicht teilen, es ist unmöglich – in jeder Beziehung!« Sie sah Papa bedeutungsvoll an.

Der zog spöttisch die Augenbrauen hoch und ging.

Trotzdem, die Männer mußten raus, Anna fand das auch. Sie nörgelte an ihren Mann hin, hartnäckig. Er suchte nach einem Ausweg und meldete auf dem Wohnungsamt

Eigenbedarf an, lief von Pontius bis Pilatus und schaffte es.
Die Männer verließen unser Haus. Das Zimmer wurde offiziell als Büro für Papa deklariert, wir stellten Schränke hinein, die in den anderen Räumen keinen Platz fanden und zitterten noch lange vor der Möglichkeit, daß ein Beamter vom Wohnungsamt auftauchen könnte, um uns doch wieder Leute in die Wohnung zu setzten.

Im ersten Stock befanden sich die Schlafzimmer; das meiner Eltern, das durch das Herausreißen einer ohnehin halb eingestürzten Wand vergrößert worden war, und das meine. Von hier aus ging es über eine enge, steile Treppe hinab ins Parterre, wo die große, gemütliche Küche nach vorne zur Straße hin lag. Zu ihr gehörte eine Speisekammer; durch sie hindurch gelangte man zu einer Toilette, der zweiten im Haus, die meine Großmutter seinerzeit hatte einbauen lassen. An Bäder war nicht gedacht worden. Wozu? Schließlich gab es das städtische Wannen- und Brausebad in der Schloßstraße. Da ging man hin. Alle gingen da hin. Es hatte den Krieg überdauert, und so benützten die Haidhauser es auch danach.

Breitgebaute, vierschrötige Badefrauen führten ein strenges Regiment, wachten über Hygiene und Moral und darüber, daß niemand das Badevergnügen über die erlaubte Zeit ausdehnte. Brausebad war billig, Wannenbad bedeutete Luxus und kostete mehr. Dafür wurde man beim Wannenbad besser von den Badefrauen behandelt, erst recht, wenn man ein Trinkgeld gab.
Mir jagte der Gang in die Schloßstraße Angst ein. Alles dort erschien mir gewaltig, obwohl das Haus anmutig

gebaut ist und von außen eher wie ein Schlößchen wirkt. Sobald man aber eintrat, verlor sich dieser Eindruck. Der gekachelte Fußboden, die Fliesen an den Wänden bis hinauf zur Decke ließen die Stimmen anschwellen und laut hallen. Selbst der Mutter Stimme erschien mir fremd, kalt und böse. Manchmal war nicht sofort eine Wanne frei, und wir mußten in einem düsteren, feuchten Gang, zusammen mit anderen Leuten, eng gedrängt auf einer Bank sitzend, warten. Mama hielt die Tasche mit den Handtüchern, den Waschlappen, dem kostbaren Stückchen Seife, der Haarnadel, mit der sie mir die Ohren ausputzen würde, und dem Tuch für die Haare, fest umschlossen auf ihrem Schoß. Sobald wir an die Reihe kamen, begann eine atemlose Hetze. Es pressierte mit dem Ausziehen, in fliegender Hast wurden meine Haare unter dem Tuch festgebunden, dann hob Mama mich in die lange, breite, tiefe Wanne voll heißen Wassers. Wannen von solchem Ausmaß paßten in keine Normalwohnung. Solche Wannen standen nur in der Schloßstraße. Die Prozedur des Waschens war mir ein Greuel. So sehr ich Wasser liebte, so sehr haßte ich es in Verbindung mit Seife. Zu meinem Glück verfügten wir über wenig Seife; umso kräftiger wurde ich gerubbelt, umso intensiver kratzte meine Mutter mit der Haarnadel in meinen Ohren herum. Nach mir stieg sie selbst in die Wanne und verfuhr mit sich wie zuvor mit mir. Fürs Herumplantschen reichte die Zeit nicht. Schwitzend, atemlos, erschöpft standen wir meist erst halb bekleidet da, wenn das wütende Pochen der Badefrau uns schon aufforderte, das Bad schleunigst wieder zu verlassen.
Wuschen wir uns zuhause, ging alles viel gemütlicher vonstatten. Anna stellte am Abend, nachdem Georg die

Läden vor den zwei Küchenfenstern geschlossen hatte, unser größtes Schaff, eine Wanne aus Blech, in die Mitte der Küche und goß es mit heißem Wasser voll, das in Töpfen auf dem Ofen siedete.
Nacheinander stiegen wir hinein, zuerst ich, dann Mama und schließlich Papa. Das Wasser wurde immer schmutziger, die Wanne immer voller, denn Anna übergoß jeden von uns am Ende mit klarem, warmem Wasser, das sie mit einem Schöpfer aus dem Grandel hinten im Ofen holte. Der Herd nahm eine Ecke der Küche voll ein. Er wurde mit Holz und Kohlen, soweit vorhanden, geheizt, verbreitete wohlige Wärme, spendete aus der in ihn eingelassenen Kupferwanne, dem Grandel, immer heißes Wasser, und auf ihm gekochte Speisen schmeckten besonders gut. Im Sommer wurde er nicht beheizt, da benützte Mama einen kleinen Gasherd zum Kochen.

Im Sommer badeten wir auch nicht in der Küche, sondern draußen auf dem »Dacherl«.
Hinten, ans Haus angebaut, zum Hof hin, gab es eine Holzhütte. Auf ihrem flachen Dach stellte mein Vater einen weiten hölzernen Bottich auf, den er irgendwo aufgetrieben hatte. Darin plantschten wir bei schönem Wetter herum.
Vor dem Gesellenhaus verdeckten mächtige Kastanienbäume neugierigen Leuten die Sicht. Die Blicke aus den Fenstern des Nachbarhauses, die seine Frau hätten treffen können, wenn sie im Bottich saß, wehrte Papa mit einer hochgehaltenen Decke ab. Er selber zeigte weder Vorsicht, noch Scheu. Er stieg nackt aus meinem Schlafzimmerfenster – eine Türe hinaus aufs Dach der Hütte gab es nicht – setzte sich ins Wasser, schrubbte sich ab,

schnaubte, prustete, spritzte herum und rieb sich zuletzt ohne jede Hemmung trocken. Er war ein schöner Mann, sein Körper wohlproportioniert, sein Gesicht offen und klar, das Haar rötlichblond und lockig. Solange ich klein war, während des Krieges, war er nackt vor mir herumgelaufen, sobald ich aber in die Schule kam, durfte ich ihn ausgezogen nicht mehr anschauen, weil man das nicht tut, wie Mama mich ermahnte. Ich hielt mich daran, da ich glaubte, daß alles, was sie sagte, vorschlug, anordnete, seine Richtigkeit habe. Damit verhielt ich mich, wie Anna sich ihrer Mutter gegenüber verhalten hatte. Ob es richtig war? Geschadet hat es mir jedenfalls nicht.
Georg gebärdete sich auch deshalb so ungezwungen, weil er fest davon überzeugt war, daß die Nachbarn viel zu sehr mit sich beschäftigt waren, um ein Auge auf ihn zu werfen.

In der Jugendstraße wohnten und wohnen originelle Leute. Es gab und gibt solche, die für sich bleiben, von denen man nichts weiß. Aber in der Mehrzahl sind die anderen.
Das Schicksal der Familie Kaiser von gegenüber und die Charaktere ihrer Mitglieder waren außergewöhnlich. Sie zählten jedoch nicht zu denen, die Einblick auf unser Dacherl hatten, und ihr Leben verlief unmittelbar nach dem Krieg ruhig.
Das konnte man von mindestens zwei Ehepaaren aus dem Nachbarhaus nicht sagen. Dieses Nachbarhaus ist typisch für das ärmliche Haidhausen. Drei Stockwerke schichten sich aufeinander, Kämmerchen neben Kämmerchen, jeweils auf dem Treppenabsatz ein Wasserhahn mit einem primitiven Emaillebecken darunter, in den

Zimmern Kohleöfen und im ganzen Haus zwei Toiletten. Von Bädern, Heizung, warmem Wasser keine Rede. Die Mietsparteien leben eng beieinander, treffen sich auf dem Gang, wenn sie von der Küche ins Schlafzimmer – Wohnzimmer existieren nicht – gehen und haben viel Gelegenheit zu Reibereien wegen der gemeinsamen Benützung der WC's.
Im zweiten Stock des Nachbarhauses lebten damals Heilmeiers und Kramhellers, zwei kinderlose Ehepaare, alle vier nicht mehr jung. Der Heilmeier war ein langer, dürrer Mann, der sich jeden Freitag Abend einen Rausch ansoff, zusammen mit einem Freund den Heimweg suchte, die ganze Jugendstraße weckte mit fröhlichem Gesang oder tiefsinnigen, lauten Gesprächen mit dem Spezl, aus dem Rausch weder am Samstag, noch am Sonntag herausfand, ihn vielmehr mit Bier und Schnaps tüchtig am Leben erhielt, und dabei nach Herzenslust seine Alte schlug. Diese, klein und dürr, trug mitten im Gesicht ein schwarzes Pflaster, dort nämlich, wo früher ihre Nase gewesen war, die ihr ihr Mann an einem feuchtfröhlichen Wochenende zertrümmert hatte. Sie sprach von ihm voller Anerkennung als von einem »versoffenen Mannsbild, einem verreckten« und er nannte sie liebevoll einen »dorerden Hund, einen dorerden.« Dorerd heißt auf hochdeutsch taub. Taub war sie aber nicht. Die Ehe hielt fünfundfünfzig Jahre. Als der Heilmeier mit neunundsiebzig starb, folgte ihm seine Frau vierzehn Tage später ohne ersichtlichen Grund ins Grab nach. In der Jugendstraße wurde es merklich ruhiger.
Das zweite Paar, Kramhellers, aus anderem Holz geschnitzt, führte eine Ehe anderer Art, wenn auch nicht weniger turbulent.

Der Kramheller hatte ein ruhiges und friedliches Dasein als kleiner Beamter. Er nahm den Dienst am Staate ernst und sich selber wichtig. Immer war er tadellos von einem Maßschneider gekleidet, was er einerseits seinem Stand, andererseits seinem Spitzbauch schuldig war. Nur am Abend wurde man auf ihn aufmerksam. Da machte er einen Spaziergang zusammen mit seinem Hund, einer fetten Dackeldame, die Hexi hieß und jeden ankeifte, vor allem Mama und mich, weil sie genau wußte, wie sehr wir uns fürchteten. Der Kramheller schrie und pfiff dann gellend, aber das Vieh kümmerte sich nicht darum.
Herr und Hund verdankten ihren Speck der Frau Kramheller. Sie besaß einen Obst- und Gemüsekarren, stand damit tagein tagaus in der Preysingstraße, watschelte auf verschwollenen Beinen von den Kartoffeln zum Wirsing und zurück und ließ sich den devoten Dank ihrer Kunden, für eine Kartoffel mehr, gnädig gefallen. Lieber hatte sie es allerdings, wenn man Tauschbares mitbrachte, Butter zum Beispiel. Sie wußte um die Wichtigkeit des Berufsstandes der Handlerin. Und so mancher junge Mann, dem der Magen knurrte, wußte es auch. Die Kramhellerin fackelte nicht lang. Sie näherte sich den fünfzigern, viel Zeit würde ihr nicht mehr bleiben.
Sobald sie am Abend den ausverkauften Karren vor dem Haus abgestellt hatte – mehr als dieser Karren stand damals nicht in der Jugendstraße – jagte sie ihren Mann mitsamt dem kläffenden Hund auf die Straße und empfing ihre Liebhaber. Die jungen Burschen ahnten selten, auf was sie sich da einließen. Die Kramhellerin verstand etwas von der Liebe, war gut genährt und forderte ihr Teil. Und wenn sie es nicht bekam, warf sie den unfähigen Tölpel mit Vehemenz wieder hinaus. Das ging nicht

ab ohne Lärm, Türenschlagen und Schreierei. Mama hoffte immer, daß ich nichts davon begriff. Kam der Kramheller von seiner abendlichen Runde zu früh zurück, weil es ihm draußen zu kalt war, weil er es satt hatte, sich Hörner aufsetzen zu lassen, oder weil das Pärchen sich besonders gut und lang miteinander vergnügte, war die Ruhe ebenfalls dahin. Zwar überragte die Handlerin ihren Mann um Haupteslänge und verfügte über viel Kraft in den Armen, aber so einfach war es doch nicht, ihn in die Küche zu drängen und dort einzusperren.

Der Kramheller ertrug sein Martyrium, bis man – in den fünfziger Jahren – endlich wieder alles kaufen konnte. Da starb er, gerade als es für seine Frau schwieriger wurde, Liebhaber zu finden. Sie gab den Karren auf, zog weg und die Leute erzählten, sie sei sehr still und fromm geworden.

Papa ging sicher richtig in der Annahme, daß diese Leute sich für seine Nacktheit nicht interessierten.

Aus den nächstfolgenden Häusern, einstöckig alle beide, war keine Einsicht auf unser »Dacherl« möglich. Gefährlich wäre es erst wieder hinten, bei Hausnummer neun geworden, einem großen, rückwärts in einem Garten gelegenen Mietshaus. Aber dort wagte es niemand mehr, aus dem Fenster zu schauen, solange die Frau Herzwald aus dem ihrigen schaute.

»Die Herzwalden spinnt«, sagten die Leute.

Jedermann merkte es, wenn sie plötzlich ihr zur Straße hin gelegenes Schlafzimmerfenster aufriß und ihre Meinung über Gott und die Welt, die Menschen, vor allem Pfarrer und Klosterschwestern schrill und laut hinausschrie. Niemand fand es lustig, alle litten unter der

Krankheit dieser Frau, doch der Hausherr, ein alter, vornehmer Architekt, brachte es nicht über sich, die Familie auf die Straße zu setzen.

»Schuld«, sagte Anna, »ist der Herr Herzwald. Mit diesem Mann kann man nur verrückt werden.«

»Sie ist im Wechsel«, meinte Georg.

»In welchem Wechsel?«, wollte ich wissen.

»Sei still, das verstehst du nicht, das ist nichts für Kinder«, schnitt Mama mir das Wort ab. Zu Georg gewandt fuhr sie fort: »Da kannst du sagen, was du magst, der Wechsel spielt sicher eine Rolle dabei, aber die Schuld trägt der Mann.«

Das mit dem Mann leuchtete mir ein, über das Wort Wechsel grübelte ich erfolglos nach und vergaß schließlich darauf.

Der Herzwald arbeitete im Finanzministerium im Rang eines Oberregierungsrates, nur sah er nicht so aus und benahm sich auch nicht danach. Wir gingen damals alle ärmlich gekleidet, doch niemand lief so verwahrlost herum wie dieser Mann. Wenn er abends aus dem Dienst kam, schleppte er in jeder Hand eine Anzahl von Paketen, manchmal entdeckten wir ihn, wie er in Abfalltonnen herumwühlte. Von seiner Frau, die großes Vertrauen zu meiner Mutter hatte und alles, was sie quälte, stundenlang mit weinerlicher Stimme an sie hinjammerte, hatten wir erfahren, daß es in der Wohnung ein Zimmer gab, das der Mann versperrt hielt und in dem er sich stundenlang einschloß. Die Frau wußte nicht, was darin war und was ihr Mann dort tat. Sie verspürte nur täglich mehr sein absolutes Desinteresse an ihrer Person. Beider Kind, ein halbwüchsiger Bub, half ihr über die Einsamkeit nicht hinweg. Der Maxl ging zu einem Bäcker in die Lehre.

Abends traf er sich mit Freunden. Die Frau blieb sich selbst überlassen. Eine Möglichkeit, Männer anzulocken, wie die Kramhellerin, hatte sie nicht, und allzu viele Männer gab es ja auch nicht, unmittelbar nach dem Krieg. Sie waren gefallen, vermißt, in Gefangenschaft. In ihrer unbestimmbaren seelischen und körperlich quälenden Not begann die Herzwalden für den Herrn Stadtpfarrprediger zu schwärmen. Der erschrak tief, als er sich solchermaßen verfolgt sah. Und je mehr er der Frau aus dem Weg ging, desto stürmischer wurde ihre Hinwendung, bis sich zuletzt ihre Sinne gänzlich verwirrten und ein gewaltiger Haß gegen die Kirche in ihr zu brodeln begann. Er machte sich vorerst in jenem schrillen Geschimpfe aus dem Fenster, hinunter in die Jugendstraße, Luft. Später kam es zu Tätlichkeiten und zur Einlieferung in eine Nervenheilanstalt. Doch bis dahin vergingen Jahre, Jahre der schrecklichsten Leiden für diese Frau.
Die Jugendstraße trug und ertrug sie, das Mitleid überwog den Wunsch, sich von der Belastung zu befreien.
Die Herzwalden sah den nackten Mann in ihrer nächsten Nähe in all ihrer Verwirrtheit nicht. Wenigstens mit ihren Blicken hätte sie erreichen können, was sie so dringend begehrte. Aber sie hielt ihr Gesicht starr geradeaus aus dem Fenster gerichtet, wenn sie schrie, und hätte es doch nur leicht nach rechts zu drehen brauchen. Sie tat es nicht. Niemals.

Vor unserer Holzhütte stand im winzigen Hof eine Waschbank aus schweren, dicken Brettern. Sie glänzten blank wie Elfenbein in der Sonne. Auf ihnen bürstete Mama mit einer Wurzelbürste die Wäsche, schwenkte diese dann in großen Blechwannen und bearbeitete sie mit einem eigenartigen Ding, das wir Stampfer nannten, einem an einem Holzstiel befestigten Apparat aus Blech, der Wasser aufnahm und durch Löcher wieder herausließ. Sie atmete schwer, plagte sich und empfand es als Erleichterung, als in der Kirchenstraße eine Mietwaschküche aufmachte. Mit einem kleinen Leiterwagen, einem Heuwagerl, fuhr sie die Wäsche in einer Wanne hinauf, verbrachte einen halben Tag vor siedenden Kesseln zusammen mit anderen Frauen in Dampf und Rauch und Hitze und war restlos erschöpft, wenn ich sie nach Stunden abholte, um ihr zu helfen, die schwere, nasse Wäsche nachhause zu fahren. Richtig sauber sah diese freilich nicht aus, Waschmittel im heutigen Sinn gab es nicht, Kernseife und Seifenflocken waren eine Rarität.

Im Überfluß besaßen wir unmittelbar nach dem Krieg vorerst nur Zeit, bis auch das sich änderte.

Wir mußten leben, Papa wollte arbeiten. Das Haus, in dem seine Werkstatt vor dem Krieg untergebracht war, war den Bomben zum Opfer gefallen. Und doch mußte er wieder anfangen, nur wo und wie und womit?
Ein Freund aus den so weit zurückliegenden Tagen des Gesellenhauses, ein Haidhauser Tapezierermeister, schwatzte den Klosterschwestern vom Knabenheim nebenan ein Stück Hof gegen Miete ab. Dort wollte er eine Werkstatt errichten.
»Wenn du mir hilfst«, sagte er zu meinem Vater, »überlaß ich dir die Hälfte des Platzes.«
»Und womit sollen wir zwei Werkstätten bauen?«
»Es liegt doch genug rum«, sagte der Tapezierer, »gleich um die Ecke zum Beispiel, die Ruine des Doktors.«

»Das erlaube ich nicht, der kennt uns«, mischte Anna sich ein, »das wäre Diebstahl.«
»Was ist heute nicht Diebstahl? Wie sollen wir sonst zu etwas kommen? Im übrigen kann der Doktor froh sein, wenn wir seine eingestürzten Mauern, den ganzen Verhau, ein bißchen auf- und wegräumen.« Der Tapezierer ließ sich nicht beirren.
»Ich überleg mir's«, meinte mein Vater.
Für ihn hatte sich vorerst überraschend eine andere Quelle aufgetan, keine Geldquelle. Was nützte schon Geld? Man bekam dafür nicht mehr, als einem aufgrund der Lebensmittelmarken und der sonstigen Bezugsscheine ohnehin zustand. »Zum Leben zu wenig, zum Sterben zuviel«, sagten die Leute.
Papas selbstgemalte Bergbilder gefielen den amerikanischen Besatzern! Sie kamen zu uns in die Küche, fett und kaugummikauend, fröhlich und unbedarft, bestellten Bilder und brachten als Zahlungsmittel Fressalien. Mittelpunkt der Küche bildete die Staffelei. Ölfarben und Pinsel hatten im Keller den Krieg überstanden, was fehlte, war die Leinwand. Georg behalf sich mit Sperrholzplatten oder Pappkartons, die er mühsam suchen und aus Schutthaufen herauskramen mußte. Es kam vor, daß die Ami aus den für sie beschlagnahmten Villen Bilder mitbrachten, damit mein Vater sie mit seinen Motiven übermale. So sind wir zu ein paar sehr schönen Gemälden gekommen. Aber um sie behalten zu können, mußte eine schier unüberwindliche Schwierigkeit gemeistert werden: Eine andere Leinwand aufzutreiben, die anstelle der Gemälde bemalt werden konnte.
Das Geschäft florierte und hielt uns über Wasser. Ein Ami erzählte dem anderen von dem Maler in der Jugend-

straße. Wir gedachten dankbar des ersten, den uns der lockere Lebenswandel zweier Damen beschert hatte.

Unserem Haus schräg gegenüber, neben dem der Familie Kaiser, steht ein besonders häßliches, ärmliches. Mittlerweile ist es so heruntergekommen, daß nur noch Ausländer darin wohnen mögen.

In ihm lebte in den Nachkriegsjahren im ersten Stock eine attraktive Kriegerwitwe mit ihrer Tochter Juliane, einem sechzehnjährigen, fetten, rothaarigen, frappierend häßlichen Mädchen. Mutter und Tochter warfen ein Auge auf meinen Vater.

Die Mutter, liiert mit einem Mühlenbesitzer aus Freising, erkaufte die Freundschaft meiner Eltern mit kleinen Säckchen Mehl. Wer wäre da nicht schwach geworden? Hellwach für die Zeichen der Zeit, spekulierte die Dame auf die Einsamkeit der jungen amerikanischen Soldaten, wollte aber ihretwegen den Mühlenbesitzer nicht aufgeben, schon deshalb, weil man nicht genau wußte, wie lange so ein Ami hier stationiert sein würde. Also setzte sie die Tochter ein. Die häßliche Juliane mauserte sich zum erfolgreichen »Fraulein«. Amis gingen bald im Haus schräg gegenüber ein und aus. Schwerbeladen kamen sie, erleichtert zogen sie ab. Mutter und Tochter lebten gut, schwärmten weiterhin für meinen Vater, himmelten ihn an und nahmen Mama und mich in Kauf.

Vor allem Juliane ließ keine Gelegenheit aus, Papa aufzusuchen, um etwas zu bitten, zu fragen, mit ihm zu reden. Sie erschien besonders gern, wenn Anna nicht da war, eines Tages mit Stiefeln in der Hand.

Sie setzte sich aufs Sofa, schüttelte ihr rotes Haar, stellte die Schuhe vor sich auf den Boden und sagte hilflos: »Ich komme nicht hinein.«

Papa betrachtete neiderfüllt das schöne Leder und meinte grob: »Sie werden halt zu klein sein.«
»Nein, sie sind nur ein wenig eng, weil sie neu sind. Ob Sie mir wohl hineinhelfen?«
Ich lehnte in der Türe zur Speisekammer und beobachtete, wie das Mädchen die Augen zu dem Mann vor sich aufschlug, wie er widerwillig vor ihr niederkniete und einen Schuh in die Hand nahm.
Juliane streckte ihm ihren Fuß entgegen und schob dabei den Rock hoch über das Knie.
Papa zog ihr die Stiefel an, zuerst den einen und dann den anderen. Er mußte nah an sie heranrücken, ich hörte, wie er heftig atmete, und sah, wie ihm das Blut in den Kopf stieg.
»Riechen Sie mein Parfüm?« fragte Juliane.
»Ja.«
»Gefällt es Ihnen?«
»Jetzt sind Sie drin, versuchen Sie, damit zu gehen.«
Juliane stand auf.
»Also«, sagte mein Vater, »Wiedersehen. Ich helfe Ihnen immer gern. Meine Kleine bringt Sie hinaus.«
Ich war die ganze Zeit nicht vom Fleck gewichen und hatte kein Auge von der Szene gelassen.

Seltsamerweise mochten Juliane und ihre Mutter mich. Sie luden mich ein, wenn Amerikaner da waren, die mich, gerade wie die Lenggrieser Kinder, herzten und quetschten. Sie ließen mich auch teilhaben an Julianes erster Verlobung, der noch etliche folgen sollten. Ich habe vergessen, wie Bräutigam Nummer eins hieß, die Billies, Jimmies und Johnnies jagten einander geradezu.
Juliane bewältigte den Wechsel mühelos und stellte über-

haupt in jeder Hinsicht ein Phänomen dar: ihr wurde dreimal der Blinddarm herausgenommen.
Als das Krankenauto wieder einmal mit tönender Sirene vor dem Haus hielt, kam Mama, vom Einkaufen heimkehrend, hinzu.
Julianes Mutter hielt sie auf, klagte ihr die Sorge um ihr Kind und berichtete, daß akute Gefahr bestehe. Der Blinddarm! Immer dieser Blinddarm! Er müsse schon wieder entfernt werden.
Die beiden Frauen führten das Gespräch unter dem Fenster des Sekretariats des Knabenheimes. In diesem Sekretariat residierte eine Schwester, die man wegen ihrer scharfen, großen Nase nur die »Naserte« nannte. Sie regelte überaus geschickt die Finanzen des Klosters und übertraf im übrigen ihre Mitschwestern weit an Neugier und Bosheit. Wie so oft, stand sie zufällig hinter den Gardinen am offenen Fenster, las im Gebetbuch, lurte über die frommen Seiten hinweg auf die Straße und spitzte die Ohren. Ihr entging nichts.
Anna, naiv wie eh und je, reagierte tief betroffen auf die Mitteilung, daß Juliane dauernd Komplikationen mit dem Blinddarm habe, bis die Nonne sich vergaß, die Vorhänge zurückzog und, sich aus dem Fenster beugend, rief:
»Ich habe gar nicht gewußt, daß ein Blinddarm nachwächst.«

Mama berichtete meinem Vater den Vorfall und der klärte sie auf. Kein Blinddarm! Nicht der erste, nicht der zweite, sicher nicht der letzte. Fehlgeburten. Das Gespräch über die Abtreibungen wurde ungeniert vor mir geführt. Ich begriff nichts, Naivität vererbt sich.

Ich feierte fröhlich die Verlobungen mit.
Eine nach der anderen. Die erste versetzte mich noch in schreckliche Aufregung, nachher wurde daraus ein Fest wie ein gewöhnlicher Geburtstag.

Frau Spanner nähte mir aus einem alten geblümten Sommerrock meiner Großmutter das passende festliche Kleid und fügte viele Biesen und Säume ein, damit es über Jahre hinweg mitwachsen konnte.
Und dann saß ich mit glühenden Backen an der langen Tafel in einem viel zu kleinen Zimmer, eng gedrängt zwischen parfümierten Damen und fetten, freundlichen Amerikanern, vor mir ein Glas. Bei jedem Toast hob ich es wie die anderen und trank es aus und der Bräutigam schenkte nach. Nach sieben Gläsern von etwas Süßem, Klebrigem, Süffigem brachte mich Jimmy oder Billy oder Johnny oder wie er hieß, nach Hause. Wir hielten uns beide nicht mehr gut auf den Beinen.
Anna tobte, als sie mich schwer betrunken quer über die Straße auf das Haus zutorkeln sah. Georg stand in der Küche vor der Staffelei und malte. Nur so, für sich, zum Trost, als Beglückung. Der besoffene Amerikaner kam mit mir herein, betrachtete das halbfertige Bild und fragte, wieviel Papa dafür haben wolle. Dieser winkte ärgerlich ab und beförderte ihn an die frische Luft.
Aber er hatte sich getäuscht. Am nächsten Tag kam der Ami wieder, nüchtern diesmal und höflich und schloß den Handel auf eine unwiderstehliche Weise ab: er stellte eine Kiste mit Kaffee, Zucker, Schokolade, Fett, Büchsen voller Fleisch und Obst vor meine verdutzten Eltern auf den Tisch, als Anzahlung. Als das Bild fertig war, brachte er die zweite Kiste und außerdem einen Freund mit, der

genau das gleiche Bild haben wollte, auch zwei Kisten anschleppte und noch einen Freund, und so ging es weiter und führte dazu, daß mein Vater siebenmal hintereinander Rottach-Egern am Tegernsee malen mußte, besser gesagt, sechseinhalbmal. Als das Motiv zum siebten Mal auf der Staffelei stand, halb fertig, ging Papa der Gaul durch. Er nahm einen großen Pinsel, tauchte ihn in rote Farbe und strich Kirche, Berge, Häuser, Himmel und See kreuz und quer durch, lachte hell auf, nahm sein Werk, trug es hinaus in den Hof und schlug es mit Wucht gegen die Waschbank. Rottach-Egern malte er nie mehr.

Annas Gezeter schallte laut und hysterisch in das nicht minder hysterische männliche Gelächter.

»Bist du wahnsinnig geworden?«, schrie sie, »wovon sollen wir denn leben?«

»Nicht mehr von Rottach-Egern!«

»Vielleicht von den fünfundsiebzig Gramm Fett pro Person im Monat, im Monat, Schorschi, im Monat, die es auf Marken gibt, macht für drei Personen zweihundertfünfundzwanzig Gramm, nicht mal ein halbes Pfund, im Monat!«

»Lieber verhungere ich, als daß ich noch einen Pinselstrich an Rottach-Egern tue.«

»Herr des Himmels, ich bin mit einem Narren verheiratet.«

»Der Narr hat dich bis jetzt ernährt, er wird es auch weiter tun.«

Der Narr strampelte, sobald die Militärregierung die Erlaubnis gab, daß die Bürger die Stadt verlassen dürften, auf dem Rad zum Hamstern. Bettwäsche, Matratzen, die Nähmaschine, alles, was wir nicht unbedingt brauchten, wanderte aufs Land, nach Aying und Peiß, zwei Dörfern südöstlich von München. Die Bauern waren nicht freigebiger geworden nach dem Krieg. Im Gegenteil. Mein Vater brachte oft erschreckend wenig mit von draußen, und es blieb Mamas Geheimnis, wie es ihr gelang, uns satt zu bekommen.

Was allerdings mich betraf, so war ich nur allzu schnell gesättigt. Es gab jeden Mittag Krach, weil ich so lange und lustlos herumkaute und besonders das schwer zu beschaffende, unendlich kostbare Fleisch eine Ewigkeit zwischen den Zähnen hin und herschob, bis ich zwei trockene Ballen links und rechts in den Backen fühlte, aussah wie ein Hamster und nur auf den Augenblick wartete, wo ich vom Tisch aufstehen durfte, um aufs Clo zu eilen und auszuspucken.

Ein paar Mal ging es gut, dann wurde ich erwischt, bezog eine herzhafte Tracht Prügel mit dem Kochlöffel und mußte von nun an nach jedem Essen meinen leeren Mund herzeigen. Ich erlernte das Kunststück, unter den aufmerksamen Augen meiner Eltern trockengekaute Fleischknäuel aus dem Mund in die Hand und weiter in das Schürzentascherl zu schwindeln. Gut, daß ich mich ohne Schürze nicht an den Tisch setzen durfte. Manchmal genügte aber auch ein flehentlicher Blick zu meinem Vater, der mir rasch, wenn Mama nicht herschaute, ein paar große Löffel vom Teller nahm.

Mit dem Verschwindenlassen der Schulspeisung tat ich mich schwerer.

Kaum aus Lenggries zurück, hatte Mama mich in der Schule einschreiben lassen. Ich war zwar erst fünf, aber

Ende September würde ich sechs werden, weshalb sollte man da noch warten.

Die Kirchenschule, ein Opfer der Bomben, gab es nicht mehr, die Wörthschule auch nicht. Alle Haidhauser Kinder besuchten die Flurschule. Für viele bedeutete das einen weiten, manchmal gefährlichen und unheimlichen Schulweg.

Ich mußte durch die Jugendstraße laufen, vorbei an Ruinen und Bombentrichtern, an Baracken für Flüchtlinge, in Richtung auf das Kloster der Guten Hirten, links einbiegen in die Leonhardstraße, wieder vorbei an ausgebrannten, einsturzgefährdeten Häusern und schließlich die leicht ansteigende Kirchenstraße hinauf marschieren, nun schon zusammen mit anderen. Wenn wir auf der Straße blieben, führte der Weg am Pfarrhof und an den Stufen vorbei, die hinauf zur alten Haidhauser Kirche führten, und dann die Friedhofsmauer entlang bis zur Flurstraße. Wir zogen jedoch den Weg durch den Friedhof hinter der Kirche vor. Er war nicht nur kürzer, sondern auch schöner und vor allem gruselig. Besonders im Winter, in der morgendlichen Dämmerung. Gespenstisch sahen dann die kahlen Bäume aus, von denen die Raben bösartig auf uns herunterkrächzten, die Bombentrichter zwischen den Gräbern und die verwahrlosten Grabhügel mit den umgestürzten oder halb in die Erde gesunkenen Steinen, hinter denen sich die Buben versteckt hielten, um den Mädchen aufzulauern und sie zu erschrecken.

Das alte düstere Gebäude der Flurschule, mit seinen meterdicken Mauern, glich einer Festung.

Unsere Klasse teilte mit drei anderen einen Raum. Anfangs kamen wir auf nicht mehr als zwei Unterrichtsstunden täglich. Vor- oder nachher gab es die Schulspeisung. Amerikanische Militärfahrzeuge fuhren in den Hof, Männer luden große, blaue Kessel ab, trugen sie in die Gänge. Alle Kinder brachten ein Töpfchen, ein Kübelchen, irgendetwas derartiges mit und stellten sich in einer Reihe auf, bis hin zu den Kesseln, aus denen Mädchen der höheren Klassen mit einem Schöpflöffel die Speisung austeilten. »Wenig«, flüsterte ich jedesmal, immer vergeblich. Die Mädchen meinten wohl, ich sei so bescheiden, warfen einen kurzen Blick auf meine kleine, magere Gestalt und gossen mein Emailletöpfchen randvoll, randvoll mit Erbsensuppe, randvoll mit Griesbrei, randvoll mit Milchbrei, randvoll, randvoll. Die meisten Kinder schlangen das Zeug hungrig in sich hinein, oft fand ich Abnehmer, manchmal aber auch nicht. Dann mußte ich meine Portion nachhause tragen, in der Gewißheit, dort Krach zu bekommen. Sie wegzuschütten wagte ich nicht. Um mir zu beweisen, wie gut es schmeckte, aß Papa sehr schnell und ohne viel zu kauen, mit leicht zusammengekniffenen Augen die ewig gleichen Gerichte auf.

»Darf ich nicht ohne Töpfchen in die Schule gehen?« bettelte ich.

Vergeblich. Es hätte ja ausgesehen, als lebten wir im Überfluß. Die Plage ging weiter, bis von unerwarteter Seite Hilfe kam.

In unserer Straße lebte damals nämlich, außer der Hexi des Herrn Kramheller, noch ein Hund, also zwei insgesamt. Heute sind sie kaum noch zu zählen. Er hieß Teddy und gehörte einem alten Ehepaar, seltsamen Leuten, die ein verwinkeltes Haus bewohnten. Der Mann sammelte Trödel, vor allem Krippenfiguren. Um Weihnachten herum verwandelte er jeden freien Fleck in dem mit Ramsch übervollen Zimmern in Landschaften aus Ägypten und Bethlehem. Ich verbrachte Stunden, ganze Tage bei ihm. Und obwohl ich die hysterische Angst meiner Mutter vor Hunden geerbt, oder auch übernommen hatte – Teddy liebte ich. Dieser ungarische Steppenhund sah vor Fell kaum aus den Augen, denn er wurde von seinem Herrn, der im Hirn nicht ganz richtig war – »Es läuft eben«, behauptete Anna, »im hinteren Teil der Jugendstraße eine Wasserader durch, deshalb spinnt dort nicht nur die Herzwalden, sondern alle« –, nur einmal im Jahr ratzebutz kahl geschoren. Eines Tages – und danach regelmäßig – meldete er sich bei uns, indem er, von der Straße aus, beide Vorderpfoten aufs Fensterbrett eines Küchenfensters legte, den Kopf schief stellte und bellte. »Wau«, niemals mehr.

Beim ersten Mal ließ Mama vor Schreck einen Topf mit Suppe fallen und schrie wie am Spieß. Teddy blickte verwundert auf die Frau und äugte gierig nach der Suppe am Boden. Mein Vater holte den Hund herein. Der schlapperte die Suppe auf, leckte sich danach das Maul, gab immer wieder dankbar die Pfote, schlich sich in unser Herz und blieb ständiger Gast.

Nur einmal mied er trotz Hunger und Liebe für lange Zeit unser Haus. Papa hatte versucht, ihn zu zwingen, meine Schulspeisung aufzufressen. Daß sogar der arme, halb verhungerte Hund sie nicht mochte, verhalf mir dazu, endlich ohne Töpfchen in die Schule gehen zu dürfen. Nun konnte ich auch eher den widerwärtigen Essensgeruch, der sich für mein ganzes spätere Leben mit dem Gedanken an die Volksschule verband, ertragen. Erbsensuppe kann ich bis heute nicht essen.

Man hatte nach Kriegsende eilends alte, bereits pensionierte Lehrerinnen in den Schuldienst zurückgeholt. So stand Fräulein Brockob, hoch in den siebzigern, vor fünfundsechzig Erstklässern und brachte diesen, wie seinerzeit deren Müttern, Lesen, Schreiben und Rechnen bei. Sie sah genauso aus, wie Mama sie aus ihrer Kindheit beschrieben hatte: kerzengerade, klein, doch hoheitsvoll, im streng geschnittenen braunen oder grauen Kleid, mit langer Halskette und Lorgnette. Sie besaß ein volles, baritonales Organ und schreckte nicht davor zurück, Tatzen mit einem dünnen Stock auszuteilen. Lob spendete sie in Form von Fleißblättchen, zarten Gebilden, die sich beim Anhauchen einrollten. Sie mußte sie aus der Zeit vor dem Krieg herübergerettet haben, wohl ohne zu wissen, daß sie sie noch würde gebrauchen können. Ich sammelte sie eifrig. Mit wahrer Begeisterung lernte ich lesen. Rechnen lernte ich auch, obwohl mir nichts daran lag. Der von der Großmutter ererbte Ehrgeiz zwang mich dazu. Ich vertrug es schlecht, schlechte Noten zu haben. Zur Musterschülerin brachte ich es trotzdem nicht. Ich schwätzte zu viel, rutschte nervös herum, zappelte und machte Faxen und konnte das schnell in mir hochsteigende Lachen nicht unterdrücken.
Fräulein Brockob setzte mich zur Strafe neben die brävste und dümmste Schülerin der Klasse. Sie hieß Dora und hockte die Stunden vom ersten bis zum letzten Augenblick schweigend ab, mit dem Zeigefinger senkrecht vor dem Mund. Wenn sie aufgerufen wurde, nahm sie ihn weg, blieb jedoch stumm. Sie sagte konsequent nicht nach, was ich ihr vorflüsterte. Dora wurde meine Freundin und beherrschte mich. Ich kam nicht gegen sie auf. Sie trieb einen Keil zwischen mich und Jochen, der zu-

sammen mit elf Buben aus dem klösterlichen Knabenheim zu uns in die Klasse ging und den ich kannte, seit unsere Mütter uns Seite an Seite im Kinderwagen durch den Englischen Garten spazieren gefahren hatten.
Die dumme Dora gab den Ton an, bestimmte, wo, wann und was gespielt wurde, und sobald Jochen und ich einen Baum gefunden hatten, dessen Astgabeln tief genug standen, um seinen Bären und meine Puppe hineinzusetzen, dessen über der Erde liegende Wurzeln sich so verzweigten, daß wir Wohnung darin finden konnten und Gärten drumherum, wollte Dora woanders hin. Ihre ewige Quengelei führte uns durch die Anlage am rechten Isarufer bis weit hinunter in die Wildnis des Herzogparks, die es heute nicht mehr gibt, weil reiche Leute sie mit Villen verbaut haben. Die Entfernung störte unsere Eltern nicht. Sie wandten auch nichts dagegen ein, daß wir mit der gefährlich überfüllten Straßenbahn quer durch die Stadt gondelten, um uns immer wieder den Botanischen Garten oder das, was davon übrig war, und das Nymphenburger Schloß anzusehen. Ernsthaft ermahnt wurden wir nur, ja kein Ruinengrundstück zu betreten, in keinen Bombentrichter zu steigen, mit niemandem zu sprechen und schon gar nicht mit fremden Leuten mitzugehen, vor allem nicht mit Amerikanern oder gar Negern. Wir sollten immer beisammen bleiben und laut schreien, wenn uns etwas nicht geheuer erschien.

Wir haben nicht laut geschrien, obwohl uns seltsame Dinge zustießen.

Zwischen den Stadtteilen Haidhausen und dem vornehmen Bogenhausen schwebt auf einer hohen, schlanken

Säule über der Prinzregentenstraße der Friedensengel. Stufen führen von der Säule hinunter zu einer Grotte und einem großen Wasserbecken. Heute steigt dort eine hohe Fontäne auf. Nach dem Krieg sammelte sich höchstens ein bißchen Regenwasser im Becken, an dessen Seiten sich zwei winzige Parks voller Rotdornbäumchen und Rosensträucher runden. Wir spielten gern im Rosengarten – ich weiß allerdings nicht, ob er wirklich so heißt oder ob wir den Namen erfunden haben. Wir kannten jede Ecke darin und auch die städtischen Gartenarbeiter, die die Bäume beschnitten, den Rasen mähten und die Rosen pflegten.

Einer der Männer, ein abstoßend häßlicher, gesellte sich oft zu uns.

Meine volle Aufmerksamkeit beanspruchten damals die Milchzähne! Reißen ließ ich sie mir nicht, nicht vom Zahnarzt, nicht von meiner Mutter. Ich führte aber gerne vor, wie ich den wackelnden Zahn mit der Zunge hin- und herschieben konnte, vor und zurück. Bis er dann schließlich ausfiel. Wieder einmal war es soweit. Ein Backenzahn wackelte, noch kaum merklich, er fing gerade an, locker zu werden. Der Gartenarbeiter bemerkte, wie ich da stand und bei geschlossenem Mund mit der Zunge an meinem Zahn nackelte.

»Laß sehen, wie du ihn hin- und herschiebst«, sagte er.

»Es ist noch nicht so weit.«

»Na, laß mich schauen!«

»Nein.«

»Komm, setz dich her«, seine Stimme klang scharf.

Ich setzte mich neben ihn auf die Bank.

»Mach den Mund auf!«

Wie hypnotisiert sperrte ich ihn weit auf. Der Mann griff

rasch hinein und brach mir den Zahn aus. Die Wurzel blieb im Kiefer stecken. Der Arbeiter zog eine kleine Schachtel aus seiner Joppentasche und legte meinen blutigen Zahn hinein.
Bewegungsunfähig verfolgte ich, was der Mann tat. Erst Sekunden später, als sich meine Erstarrung löste, packte ich meine Puppe und die mitgebrachten Bücher und rannte davon.
Jochen und Dora hinter mir her.
Zögernd, ängstlich und nur weil mir der Kiefer weh tat, rückte ich zuhause mit der Sache heraus.
Mama nahm mich bei der Hand und ging mit mir hinüber ins Polizeirevier in der Ismaninger Straße. Dort erzählte ich alles noch einmal und zeigte meine Zahnwurzel als Beweis. Die Polizisten starrten mich ratlos an. Niemand konnte sich einen Reim darauf machen, was der Mann mit dem Zahn in der Schachtel anfangen wollte.
Mama begleitete uns danach wochenlang in die Anlagen, den Kerl sahen wir nicht mehr.
Dafür trafen Jochen, Dora und ich bald einen anderen merkwürdigen Burschen. Im frühen Sommer, wenn der Holunder blühte, nahmen wir nicht nur Puppen und Bücher, sondern auch leere Beutel mit in den Park, um die tellergroßen, weißen Blüten von den Sträuchern zu pflücken. In Pfannkuchenteig getaucht, in Fett herausgebacken und gezuckert, schmeckten sie herrlich.
Meine Mutter verwahrte im Keller einen Topf mit ausgelassenem Schmalz, das sie so oft wie möglich und bis es eben gar nicht mehr ging, verwendete: für Schmalzgebakkenes, für Kiacherl, die man jetzt Kirchweihnudeln oder Ausgezogene nennt und für die »Holler-Kiacherl«. Ich erinnere mich nicht mehr daran, wie das Schmalz herge-

stellt wurde, aber genau im Gedächtnis ist mir noch der grüne Topf, in dem die aus Aying oder Peiß stammende Kostbarkeit an einem besonders kühlen Platz im Keller sommers wie winters stand.
Die Wiesen an der Isar leuchteten golden vom Löwenzahn, in einem kleinen, nierenförmigen Weiher spiegelten sich die beweglichen Zweige einer Weide und dahinter stieg ein Hang auf. Hollersträucher klammerten sich mühsam in seinem Erdreich fest und trugen die prächtigsten Blüten. Die wollten wir haben, auch wenn es schwer fiel, an sie heranzukommen, die weiche Erde rutschte unter unseren Füßen ab und wir mit ihr.
»Soll ich euch helfen?« rief ein Bursch, siebzehnjährig vielleicht und voller Pickel, vom Weg unten herauf.
»Ja, bitte, komm!«
Er kletterte uns nach, legte einen Arm um mich, faßte mir mit der anderen Hand zwischen die Beine und schob mich nach oben. Ich spürte seine Finger dort, wo ich selber nicht hinlangen durfte, weil man das nicht tut und weil man krank davon werden konnte. Ich ließ es geschehen und sagte nichts, wie Dora und Jochen, mit denen er genauso verfuhr. Wir pflückten den Holler, der Bursche half uns, und als die Beutel voll waren, schob er uns wie zuvor den Berg ganz hinauf. Oben dehnte sich eine große Wiese. Bäume mit ausladenden Kronen standen darauf und warfen dunkle Schatten, der Nachmittag neigte sich. Unvermittelt sagte der Bursche: »Wollts mein Zipfel sehen?«
Ich hatte dieses Wort noch nie gehört. Aber schlagartig erriet ich in dieser Situation, was es bedeutete, obwohl ich das Ding, das es bezeichnete, nur als Kleinkind bei meinem Vater gesehen hatte und sonst niemals mehr.

Mir wurde auch klar: es handelte sich um etwas, mit dem ich nichts zu tun haben wollte, um etwas Unanständiges, möglicherweise Gefährliches. Davonlaufen erschien mir ratsam, bevor der Bursche mit seinem Vorschlag ernst machen konnte. Ich stürmte über die Wiese in Richtung Straße, Jochen und Dora mit Abstand hinter mir her. In der Ferne verklang das Lachen des Pickeligen.

Zuhause erzählten wir nichts.

Meine Eltern wären auch gar nicht ansprechbar gewesen: Papa baute seit Wochen an seiner Werkstatt, das bedeutete: er klopfte zehn Stunden am Tag Steine aus der Ruine des Doktors vom Mörtel frei. Spät kam er nach Hause, legte sich aufs Sofa, hielt die Hand auf den Magen, schwieg und sah mit rotgeränderten Augen zur Decke. Das Gesicht, unter dem vom Staub spröd gewordenen Haar, wirkte fahl und grau. Magengeschwüre! Leinöl heile sie aus, sagten die Leute. Mama trieb es auf, Papa schluckte jeden Morgen einen Löffel davon, außerdem kaute er Wacholderbeeren. Manchmal ging es ihm besser. Die Mauern der Werkstatt fügten sich aus den alten Steinen.

Da eröffnete sich plötzlich eine unerwartete, meine Mutter beglückende Möglichkeit: die Oper, die sich im Prinzregententheater etabliert hatte – auch an der Stelle des Nationaltheaters reckten sich graue Brandmauern über riesigen Schuttbergen in den Münchner Himmel –, suchte einen Leiter für ihren Malersaal.

»Schorschi, denk an die Sicherheit«, flehte Anna, »du wirst es gut haben dort, die Arbeit ist interessant, das Prinzregententheater ist nur einen Katzensprung von uns weg. Du bist nicht gesund, wir hätten unser sicheres

Auskommen, keinen Ärger mit Gesellen, keine Sorgen darum, ob Aufträge kommen oder nicht – und in die Oper könnten wir gehen, wann wir wollten, jedenfalls bestimmt in die Generalproben.«

»Die hätten mich glatt genommen«, erklärte Georg, als er nach dem Anstellungsgespräch nach Hause kam, »aber ich mach' es nicht. Da müßte ich ja meine Freiheit aufgeben.«

Ich wurde eilends aus der Küche hinauf in mein kaltes, ungeheiztes Zimmer geschickt. Dort saß ich, frierend und unglücklich, dem Geschrei meiner Eltern lauschend, das durch Türen und Zimmerdecken schallte. Der Streit schien kein Ende nehmen zu wollen.

Mamas Argumente betonten vor allem die Sicherheit der Stellung. Sie teilte das freie Leben, das einzig für meinen Vater vorstellbare und lebenswerte mit ihm. Aber das hieß auch, den Ärger mit Gesellen und Lehrbuben, mit Kunden und Finanzamt, Krankheiten, Zwölf-Stunden-Arbeitstage und die immerwährende Existenzangst mit ihm zu teilen. Es ging manchmal über ihre Kräfte.
Aber Georg beschwor sie: »Ich bin und bleibe mein eigener Herr, wir haben unsere Freiheit und viel mehr Geld. Du würdest dich anschauen, wenn du mit dem Monatslohn eines beim Staat angestellten Arbeiters auskommen müßtest.«
»Und was hab' ich vom Geld? Ich pfeif' auf das Geld! Es ist sowieso nichts wert.«
Mein Vater setzte sich durch, wir blieben selbständig und frei. Aber meine Mutter hatte recht, wenn sie sagte, daß

das Geld nichts wert war. Auf dem schwarzen Markt konnte man, wenn man Glück hatte, für fünf Reichsmark eine Zigarette ergattern.

Regulär und billig gab es am ehesten: Theaterkarten. Für die Oper, für das Staatsschauspiel, das notdürftig im Brunnenhof untergebracht worden war, für das Junge Theater, für die Kammerspiele, die den Krieg überstanden hatten und nach wie vor in dem Haus an der Maximiliansstraße spielten, fürs Kabarett, das plötzlich die Wahrheit wieder von seinen schmalen Brettern herunterschreien, -singen, -flüstern durfte.

Anna und Georg versäumten nichts, stürzten sich neugierig, gierig, begeistert auf die Fülle von Musik und Literatur, holten nach, sogen ein, was ihnen so lange vorenthalten geblieben war. Und sooft es ging, nahmen sie mich mit, vor allem in die Oper, ins Ballett und in die Klassiker, bei denen nichts Unanständiges passierte. Damals noch nicht!
Mit einer Ausnahme: »Abraxas«, Werner Egk's Ballett, das über drei Aufführungen nicht hinauskam, weil der bärtige, streng katholische Kultusminister Hundhammer einschritt und es kurzerhand absetzte.
»Und uns ist es ausgekommen!«, jammerte meine Mutter noch Jahre danach.
Viele von den wahrhaft Großen habe ich erlebt, gesehen, gehört, als ich viel zu klein war. Aber wenn ich auch nicht erkennen und begreifen konnte, so wurde ich doch angerührt und glaube, intuitiv und für immer das Wissen um Wahrheit und Lüge, um echt und falsch, um Kunst und Künstlichkeit, in mich aufgenommen zu haben.

Siebenjährig saß ich im »Freischütz« und in der »Zauberflöte« unter Solti, siebenjährig hockte ich im ungeheizten Brunnenhoftheater, mit zwei Paar Unterwäsche übereinander, die Füße mit dicken Strümpfen und Socken in die viel zu engen Schnürstiefel gezwängt, mit einem Pullover unterm Kleid und einer Jacke darüber, mit Mantel und Mütze, verschnürt wie ein Paket, bewegungsunfähig, vor der sterbenden Maria Stuart und Nathan dem Weisen. Ich bestaunte am allermeisten den jungen blonden Schauspieler, der den Tempelherrn spielte, Curd Jürgens hieß und so schnell sprach, daß ich nicht ein einziges Wort verstand.
Ich blamierte meine Mutter unsterblich, als ich, in der ersten Reihe sitzend, gegen Anna Damanns Sprühregen aufbegehrend, viel zu laut flüsterte:
»Mama, die Dame spuckt mich an, wir hätten einen Schirm mitnehmen sollen.«
Nach Fehlings Inszenierung von »Maria Magdalena« mit der Gorvin und Gerd Brüdern kam ich tagelang nicht zur Ruhe. Gleiches geschah mir in Stücken wie »Unsere kleine Stadt«, »Der Trojanische Krieg findet nicht statt«, »Nun singen sie wieder« und noch vielen anderen.

Die Größten sah ich, als ich zu klein war. Nun sind sie lange tot oder sehr alt und müde, und ich frage mich, wo heute ein Mann ist wie Friedrich Domin und ob es jemals wieder eine so aufregende Frau auf der Bühne geben wird wie Maria Nicklisch. Wer dirigiert »Carmen« noch so wie Rudolf Kempe und den »Lohengrin« wie Knappertsbusch?
Und wie leben sie heute, die Großen, die weniger Großen, selbst die, die nicht einmal mittelmäßig sind? Sie

tragen ihre Köpfe in den Wolken des Hochmuts und der Unzufriedenheit und haften fantasielos mit schweren, vom Lauf ums Geld angeschwollenen Füßen auf dem Boden.
Wie lebten die Großen von damals? Arm, bescheiden, übermütig, unzufrieden nur mit der eigenen Leistung und glücklich über all die kleinen Dinge des Lebens.

Ich meine noch, hinein in meinen Kinderschlaf zu hören, wie es bei uns im Haus gegen Mitternacht langsam geschäftig wurde.
Allein daheim gelassen, weil das Stück sich nun wirklich nicht für Kinder eignete, empfand ich keine Furcht, schlief ruhig und tief, nach und nach sanft geweckt durch das Eintreffen meiner Eltern nach dem Theater, das der Gäste, durch den Duft von Bohnenkaffee, der bis hinauf in mein Zimmer zog.
Er stammte von den Bilderkaufenden amerikanischen Soldaten oder aus einem Care-Paket, das Resi, Mamas Schwester, geschickt hatte. Sie versorgte uns damit, sobald es möglich war. Wenn sich also Kaffee aus Amerika im Hause befand und das bayerische Oberland sich Butter und Eier hatte abringen lassen und Mehl aus der Freisinger Mühle in der Speisekammer stand, dann bereitete Mama ein Fest. Bohnenkaffee gab's zum Fest! Kuchen auch!
Papa kam herauf, wickelte mich in eine Decke, trug mich hinunter in die Küche und setzte mich für eine halbe Stunde zwischen die Gäste, damit ich dabei sein und eine Torte essen konnte.
Mir lag nichts an der Torte. Aber die seltsame Gesellschaft in unserer Küche erschien mir wie ein wunderlich

interessanter Traum: Schauspieler, zu denen sich junge rebellische katholische Priester gesellten, und ein paar schöne Frauen – bekannt mit meinen Eltern aus der Zeit vor dem Krieg –, deren Männer immer noch in Gefangenschaft oder vermißt waren, führten endlose, seltsam tröstliche, auf- und abschwingende Gespräche, Erwachsenengespräche, denen ich gierig und mit glühenden Bakken folgte, erregt von den hitzigen Worten der Priester, begeistert von Mamas Witz, ihrem Charme, ihrem Talent, Gelächter aufbrausen zu lassen, und voll heißer Liebe für meinen stillen Vater, der sich nur vernehmen ließ, wenn die Rede auf den Krieg, auf Hitler und alles, was damit zusammenhing, kam. Das schien nicht selten zu geschehen, denn oft stöhnte er: »Hört auf mit diesem Schmarrn. Wir haben es erlebt. Sind wir froh, daß es vorbei ist.«

Und dann redeten sie wieder übers Theater, die Religion, die Welt und sich selbst.

Die einsamen Frauen schauten auf einen schönen jungen Kaplan und einen klugen, vornehmen Mönch. Einer der Schauspieler, dessen Leben eine dichte Folge von Heirat und Scheidung und unzähligen Abenteuern war, suchte Rat und Hilfe bei Mama. Mein Vater ließ sich die Anhimmelung einer Souffleuse verschmitzt gefallen. Leider nahm er mich immer gerade dann, wenn das Hin und Her von Gefühlen, die sich wie Spinnweben von einem zum anderen zogen, am verwirrendsten, interessantesten und unbegreiflichsten wurde, bei der Hand, führte mich im Kreis zu jedem Gast, ließ mich einen Knicks machen und Gute Nacht wünschen, hob mich, ohne auf meinen Protest zu achten, hoch und brachte mich zurück ins Bett.

Die Wärme war daraus entwichen. Manchmal hauchte

Papa nur schnell unter die Decke, weil er wieder nach unten wollte. Öfter jedoch legte er sich für ein paar selige Minuten zu mir und wärmte mich und die Kissen.

»Gelesen wird nicht mehr!«, mahnte er, während er die Decke ringsherum um mich feststopfte und das Licht löschte. Dann ging er.

Wußte er nicht, daß ich gar keine Zeit zum Lesen hatte? Ich mußte nachdenken, die Personen von unten mit hinüber nehmen in die Geschichten, die ich mir ausdachte, bis sie sich zuletzt in meinen Träumen auflösten.

Langsam verschob sich die berufliche Tätigkeit meines Vaters. Er malte weniger Bilder, sein Handwerksbetrieb kam in Schwung. Immer mehr Männer kehrten heim aus der Gefangenschaft. Papa fand Freunde von früher und stellte sie als Gesellen ein. Eltern brachten ihre Buben, dankbar für eine Lehrstelle, und Kunden, die für billige Reichsmark ihre heruntergekommenen Wohnungen frisch gestrichen haben wollten, liefen uns beinahe das Haus ein.

Wie vor dem Krieg zog Georg los: mit dem Fahrrad und einem Anhänger hinten dran; er schickte die Lehrbuben auf den Weg mit großen, zweirädrigen Karren voller Farbkübel und Pinsel, Bürsten und Walzen.

Die Wände wurden abgekratzt, abgewaschen, vergipst mit Gips, der immer noch nicht hielt, gestrichen mit Farben, die nichts taugten und »aufstanden« und zu guter Letzt vom Meister, meinem Vater, gewalzt, indem er mittels einer kleinen Walze in schnurgerader Linie Muster von oben nach unten auf die Tünche zog. Welche Kunst auf buckligem Untergrund! Ungemusterte Wände waren undenkbar. Und wenn eine arme alte Rentnerin

aufs Mustern verzichten wollte, weil es die Sache teuer machte, suchte Papa ein einfaches heraus und schenkte ihr das Walzen.
Es war ja gleichgültig, ob viel oder wenig von dem unbrauchbaren Geld für die schwere Arbeit hereinkam. Wir lebten nach wie vor vom Verkauf der Bilder und Resis Paketen aus Amerika. Papa hielt nur deshalb an seinem Handwerksbetrieb fest, weil er davon überzeugt war, daß sich die Zeiten ändern mußten, früher oder später.

Trotz Doppelbeschäftigung verfügte mein Vater über so viel freie Zeit, daß man das Leben, das wir führten, gemütlich nennen konnte.
Es gab so vieles nicht, von dem man heute glaubt, es haben zu müssen. Den Begriff »Freizeitgestaltung« gab es nicht, auch keine »Freizeitindustrie«, und niemand hatte es nötig, mit Sport überflüssige Pfunde abzutrainieren. Niemand hatte Übergewicht, kaum jemand Diabetes, Herzinfarkte waren selten. Wer Hunger leidet, leidet nicht an Wohlstandskrankheiten, seltsamerweise auch nicht an Depressionen, Lebensunlust oder seelischer Vereinsamung.

Es verging kein Sonntag, an dem wir uns nicht morgens hinunterbegaben in die kleine Kirche am Gasteig. Sie und ihre schwarze Madonna hatten den Krieg heil überdauert. Salesianer Mönche hielten die Messe, predigten nach langer Zeit erzwungenen kirchlichen Schweigens nicht nur über Gott und das Evangelium, sondern vor allem über die Welt und die Menschen in ihr, über das, was die Leute erlebt und erlitten hatten, und das, was sie nun aufgerufen waren zu tun, neu zu schaffen – in sich und um sich.

Eben diese Pfarrer zählten zu unseren nächtlichen Gästen. Sie paßten zur Welt des Theaters und wirkten tröstlich auf die alleinstehenden Frauen. Daß es passierte, daß die eine oder andere von ihnen sich in einen Priester verliebte, war eine Zeiterscheinung, die in diesem Kreis niemanden störte, die verging, wenn der Ehemann heimkam aus der Gefangenschaft. Der Pfarrer mußte sehen, wie er damit fertig wurde. Zwei von ihnen, häufige Gäste meiner Eltern, traten aus dem Orden aus, keiner jedoch wegen einer Frau.

In der Gasteigkirche standen die Menschen dicht gedrängt, besonders droben, auf der Empore, neben der Orgel, deren Elektromotor mitunter ausfiel. Männer aus der Gemeinde traten dann abwechselnd und schwitzend den Blasebalg, die anderen sangen die Messe von Schubert oder die Speyrer-Domfest-Messe von Joseph Haas weiter, jeder so laut er konnte, daß es dröhnte.
Nach dem Gottesdienst schwatzten die Leute miteinander, draußen auf dem freien Platz unter großen alten Kastanien, alle froh, erleichtert, beglückt. Selbst Gespräche über Fliegerschäden, Brennholzmangel, die kargen Lebensmittelrationen klangen weniger bitter.
Der weitere Verlauf unserer Sonntage hing vom Wetter ab. Ich liebte die verregneten, denn an ihnen kam Frau Gallinger nachmittags zu uns. Vor dem Krieg war sie mit Resi befreundet gewesen und hatte für deren Eskapaden Verständnis aufgebracht, wohl mehr als die eigene Mutter. Frau Gallinger übertrug, weil meine Tante Resi nicht mehr da war, ihre Liebe auf uns und schloß sogar Papa mit ein, obwohl sie von Männern im allgemeinen nicht viel hielt und froh war, daß der ihre schon lange das

Zeitliche gesegnet hatte. Zu seinen Lebzeiten hatte sie ein luxuriöses, verschwenderisches Leben geführt. Jetzt vermietete sie Zimmer in ihrer großen Wohnung im Lehel. Sie nannte die Untermieter ihre »Herren« und beherbergte nur »Herren«. Sie selber, in den siebzigern schon, blieb eine Dame, erreichte das stattliche Alter von einundneunzig Jahren, nahm bis zu ihrem Tode kein Frühstück, sondern ein petit déjeuner ein, und trug, wenn sie ausging, Handschuhe, im Sommer aus Spitze. Mich eroberte sie im Sturm mit ihrem herzlichen Lachen, bei dem ihre falschen Zähne ebenso gefährlich und aufregend wackelten, wie die Volants ihrer weißen Bluse auf dem üppigen Busen.

Frau Gallinger gehörte zu meiner Kindheit wie Frau Spanner, die Untermieterin. Die beiden ersetzten, was mir fehlte: Tanten und Großmütter.

Freilich, Papa hatte Geschwister in München, und seine Mutter lebte auch noch, aber irgendwie paßten sie nicht zu uns. Der einzige Bruder meines Vaters, den Anna gern gehabt hatte, der Automechaniker, war im Krieg gefallen. Die anderen waren keine Menschen nach unserem Gusto und hatten für uns so wenig übrig, wie wir für sie. Die Verbindungen lösten sich. Nur die Beziehung zu seiner Mutter hielt Georg aufrecht, ohne jede Freude daran, eher düster und verbissen und wie seiner Frau zum Trotz, die bei der bloßen Ankündigung des Besuches der Schwiegermutter in Verzweiflung geriet. War diese dann da, nahm Papa nach fünf Minuten seinen Hut, um zu einem Kunden, in die Werkstatt oder auf den Fußballplatz zu flüchten. Mama und ich blieben allein mit der freudlosen alten Frau, hörten ihr böses, träges Gerede an und warteten, bis sie wieder ginge. Wir warteten Stunden, denn wenn die Alte sich einmal auf unserem Sofa breitgemacht hatte, redete sie sich endlos durch den Vorrat ihrer Klagen.

»Hast du es schön, so schön wenn ich es einmal gehabt hätte«, lautete der ewig gleiche, vorwurfsvolle, an Mama gerichtete Einleitungssatz, dem unmittelbar die Feststellung, wie schlecht sie es habe und gehabt hatte, folgte: Kinder, nichts als Kinder und einen kranken Mann – Arbeit, nichts als Arbeit!

»Du«, wandte sie sich an Mama, »weißt ja nicht, was Arbeiten heißt, und zu mehr als einem Kind habt ihr es auch nicht gebracht.«

Anna sah vor sich hin. Und schwieg. Und hielt an sich. Sie war nicht bereit, der Schwiegermutter die Gründe darzulegen, die sie und Georg davon abgehalten hatten, sich mehr Kinder anzuschaffen. Sie war weder in der Lage noch willens, mit der Alten ein Gespräch über Dinge, die ihre eigene Person, ihre Ehe oder mich betrafen, zu führen. Sie hatte genug damit zu tun, Abneigung und Haß zu unterdrücken, so lange, bis Papas Mutter endlich wieder ging. Danach ließ sie ihren Gefühlen freien Lauf. Alles, was sie einen Nachmittag lang still geschluckt hatte, verwandelte sich in Vorwürfe gegen Papa. Der verteidigte seine Mutter. Nicht etwa, weil er sie mochte, sondern weil er glaubte, es sei Sohnespflicht.

Die alte Frau brachte es durch ihre bloße Existenz fertig, die fröhliche und normalerweise leicht auszugleichende Balance unserer kleinen Familie zu erschüttern. Sobald es um sie ging, entstand Streit zwischen meinen Eltern, der schnell gefährlich verletzende Formen annahm. Und es dauerte lange – allzu lange, so fanden wir alle, besonders ich –, bis Harmonie und Einheit wieder hergestellt waren, bis wir wieder miteinander reden, miteinander lachen und miteinander singen konnten. Und wir sangen viel.

Zum Beispiel sangen wir gegen Mitternacht, vom Prinzregententheater durch das schlafende Haidhausen nach Hause gehend, Arien und Chöre aus der »Bohème«, der »Macht des Schicksals«, dem »Tannhäuser«, der »Zauberflöte«; alles, was uns in Erinnerung geblieben war, erklang dreistimmig, geführt von der vollen, tiefen Altstimme meiner Mutter, überlagert vom leisen, ein wenig wackeligen Tenor Papas und meinem Gezwitscher.

Singend wanderten wir von Großhesselohe nach Grünwald oder von Grünwald nach Schäftlarn, an Sonntagen, die nicht verregnet waren. Hügel auf, Hügel ab ging's, die Isar entlang. Papa trug den Rucksack, in dem die Thermosflasche voll Tee, die belegten Brote, aber auch der Aquarellblock und die Farben steckten.

Zwischendurch bekam ich freilich zu hören:

»Heb die Füße!«

»Um Gottes willen, zieh den Bauch ein!« und:

»Mach den Mund zu!«

Wo ich ging und stand, ging und stand ich mit offenem Mund.

»Das Kind«, sagte mein Vater, »sieht aus wie ein Depp!«

»Von mir hat sie das nicht«, erwiderte Mama. »Von mir hat sie auch nicht die dicken Füße.«

»Die hat sie, weil sie so faul geht, nicht straff genug«, meinte Papa, »in unserer Familie gibt es jedenfalls keine dicken Füße und keine offenen Münder.«

»Mach den Mund zu!«

Ich konnte nicht, mein Oberkiefer stand vor! Endlich begriff man das.

»Man muß etwas tun.« Anna wurde energisch. »Das Kind braucht etwas, das den Oberkiefer zurückdrückt.«
In einer Schublade fand sich noch eine Bartbinde meines Großvaters. Nach ihrem Muster nähte Frau Spanner aus altem, fest gewobenem Bauernleinen eine für mich. Jede Nacht wurde sie mir angelegt, wie ein Beißkorb. Geholfen hat sie nicht.
Es ging weiter: »Mach den Mund zu! Heb die Füße! Zieh den Bauch ein, Bauch hinein, Brust heraus, iß anständig, schmatze nicht, stütze die Ellbogen nicht auf beim Essen, grüße freundlich!«, und vor allem: »Mach den Mund zu!«

Vierzig Mark Kopfgeld

Der 20. Juli 1948, der Tag der Währungsreform, löste in meinem Elternhaus eher verzweifelte Aufregung als Freude aus. Die bange Frage, wie es werden würde, wie es gehen könnte, drang bis in mein achteinhalbjähriges Leben, obwohl ich weiß Gott genug eigene Sorgen hatte.

An vierundvierzig Verteilerstellen in der Stadt wurden an diesem Tag jedem Bürger vierzig nagelneue Deutsche Mark ausgehändigt, insgesamt in München sechsunddreißig Millionen.
Wir besaßen zusammen hundertzwanzig solcher Deutscher Mark, und am Ende der Woche waren die Löhne für drei Gesellen und zwei Lehrbuben fällig.
Der alte Streit ums Geschäft, um die Selbständigkeit, brandete zwischen meinen Eltern auf.
»Wärst du zur Oper gegangen, wie ich gesagt habe«, meinte Anna vorwurfsvoll, »dann könntest du, wie die anderen, die Hand aufhalten. Aber nein, du hast ja deine Freiheit gewollt. Und was bringt sie uns jetzt? Den Bankrott!« Ihre Stimme hob sich melodramatisch.
Georg schwieg und sah vor sich hin und hegte im stillen eine Hoffnung, die sich schließlich erfüllte: Er hatte nicht umsonst quer durch München bis hinaus nach Nymphenburg zum Kloster der Englischen Fräulein den Handkarren geschoben, war oft mit der schweren Staffe-

lei über der Schulter auf dem Rad den langen Weg gefahren und hatte versucht, mit schlechtem Material die bestmögliche Arbeit zu leisten. Die amtierende Mater Oberin, die bald eine wichtige Position innerhalb ihres Ordens in Rom einnehmen sollte, griff dem Handwerksmeister wie selbstverständlich und ohne, daß er sie lang hatte bitten müssen, unter die Arme. Sie bezahlte eine in Reichsmark ausgestellte Rechnung zwei Tage nach der Währungsreform in D-Mark. Fürs erste war uns geholfen.
Eine weitere glückliche Fügung: Kurz vor dem 20. Juli hatte Papa einen umfangreichen Auftrag im Knabenheim nebenan erhalten. Die Arbeiten zogen sich hin, die Mallersdorfer Schwester Oberin ließ sich überreden, eine à-Konto-Zahlung zu leisten. Es bedurfte einiger Mühe, sie dahin zu bringen, aber Papa verstand sie zu nehmen. Er hofierte sie, ließ sie glauben, er sähe bei allem Respekt vor ihrer Heiligkeit, auch noch die Frau in ihr, die einem Manne schon gefallen könnte. Damals waren die Nonnen noch zahlreich und verfügten miteinander schnell über eine größere Summe Geldes. Dazu kam das Kopfgeld für die hundertzwanzig Buben, die im Heim wohnten. Spenden und Geschenke schlugen sich drauf. Das Gelöbnis der Armut mag für die einzelne Schwester gelten, für Klöster als ganze aber nur in seltenen Übergangszeiten.

Triumphierend brachte Georg das Geld nach Hause. Selbständigkeit und Freiheit waren gerettet. Und das ausgerechnet auch mit Hilfe jener Nonnen, von denen Anna, seit dem Tag, an dem sie uns den Zutritt in ihren Luftschutzkeller verweigert hatten, allzuviel nicht mehr hielt. Sie hielt auch nichts von Beamten, so sehr sie diesen

Stand für ihren Georg, der Sicherheit halber, wünschte. Der schaute ebenfalls mit Skepsis, ja Verachtung auf sie herab. Er nannte sie »Büchselbeamte« und haßte es, für sie zu arbeiten. Die Rechnungen waren ihnen meist zu hoch, die Arbeit selten gut genug. Aber diese Beamten verfügten über ein sicheres Einkommen. Sie gehörten zu jenen, an die Georg sich nach der Währungsreform halten mußte, auch wenn sie, gewohnt, Gehalt oder Pension lebenslang pünktlich zu erhalten, Handwerkerrechnungen oft erst nach Monaten beglichen.

Rückblickend erscheint es mir, als habe die Währungsreform unserem Leben von einem Tag auf den anderen ein neues Aussehen gegeben – ein Trugschluß der Erinnerung, der es ein leichtes ist, Monate und Jahre wie einen Augenblick zusammenzuraffen.
Die Lebensmittel blieben vorerst knapp. Bier erhielt man auf Brotmarken, und der Schwarzhandel blühte weiter, in langsam sich verändernder Form.
In Haidhausen gab es keine so berühmt berüchtigte Straße wie die Möhlstraße in Bogenhausen, unweit des Friedensengels, mit Villen in großen Gärten, mit breiten Gehsteigen und Bogenlampen, wie geschaffen zum Spazierengehen. Gerade das tat man nicht in der Möhlstraße. Man ging hin, um auf dem schwarzen Markt zu handeln, zu tauschen, verbotener Weise etwas zu ergattern, was es regulär vor der Währungsreform nicht und danach immer noch nicht gab.
Meine Eltern haßten die Möhlstraße. Sie haßten die Händler, es widerte sie an, was dort vor sich ging. Aber wie magnetisch angezogen, bummelten sie immer wieder zwischen den zwielichtigen Gestalten mit den schwarzen

Lockenbärten, herum. Mich nahmen sie mit, damit es harmlos aussähe: Familie mit Kind auf einem Spaziergang. Ehe wir starteten, schärften sie mir ein, ja keinen Schritt von ihnen wegzugehen, nirgends allein stehenzubleiben und immer vorsichtig um mich zu spähen. Auf dem schwarzen Markt müsse man auf der Hut sein, sich dort zu bewegen, sei äußerst gefährlich. Es läßt sich denken, wie unauffällig und harmlos wir drei uns ausnahmen.

Die D-Mark ließ hier und da an einer Ecke, im Toreingang einer ausgebrannten Villa, in halb zerstörten Vorgärten, schmierige dunkelhaarige Männer auftauchen, die die Leute zu einem Glücksspiel animierten. Ich erinnere mich deutlich an die Männer, wie sie auf Kisten im Halbkreis hockten, vor sich, in der Mitte des Kreises, Geldscheine. Zehnmarkscheine, Zwanzigmarkscheine, manchmal Fünfzigmarkscheine, unermeßlich viel Geld damals. Die Männer schoben mit schnellen, geschickten Fingern das Geld herum und forderten die Leute, die sie dicht umstanden, auf, zu setzen, ihr Glück zu versuchen. Das Zehn-, das Zwanzigfache sei zu gewinnen. Und schon gewann einer und noch einer.
»Hier«, rief Anna und warf zwanzig Mark in den Kreis. Und weg waren sie.
Mama hatte nicht gewonnen, sie konnte gar nicht gewinnen, niemals gewann jemand, der nicht zu den Männern gehörte. Nun stand sie da, starr vor Schreck. Papa war weiß geworden. Das schwer erarbeitete Geld, zwanzig Mark von dem wenigen, das wir hatten, verschleudert, vertan! Georg war nicht der Mann, seiner Frau auf der Straße einen Krach zu schlagen. Er hakte die weinende

Anna unter, nahm mich bei der Hand und zog uns eilig nach Hause. Nachdem er die Tür hinter uns geschlossen hatte, explodierte er. Seine Wutausbrüche glichen denen eines Vulkans und waren umso gewaltiger, je mehr er sich im Recht fühlte. Und hier war er im Recht. »Diesen Schlawinern Geld hinzuschmeißen! Was für eine Riesendummheit! Bist du denn übergeschnappt, an so einen Schwindel zu glauben!«

Mama erkannte ihre Schuld, fühlte sich grenzenlos unglücklich und schrie gerade deshalb lautstark zurück. Der Kampf tobte dermaßen heftig, daß sie vergaßen, mich auf mein Zimmer zu schicken.

Ich hielt mich mäuschenstill in meiner Sofaecke, lauschte gespannt und angstvoll den wilden Tönen, ohne viel zu verstehen, bis beide zuletzt und erschöpft ganz das gleiche schrien, daß sie nämlich einem hinterfotzigen, schmutzigen G'schwerl auf den Leim gegangen seien.

Nur als Anna rief: »Beim Hitler hätte es so etwas nicht gegeben«, wandte sich Georg wieder gegen sie:

»Hör sofort auf, so einen Blödsinn zu reden!«

Anna konnte nicht aufhören, sie war im besten Fahrwasser:

»Beim Hitler«, rief sie, »da hat Ordnung geherrscht, da hat es keine Sittlichkeitsverbrecher gegeben, keine Diebe, bei Nacht und Nebel konnte man als Frau allein auf der Straße gehen, beim Hitler gab es auch viel mehr auf die Lebensmittelmarken, beim Hitler . . . «

»Beim Hitler war dir all das ganz unwichtig, beim Hitler wäre dein Mann um ein Haar in der Gaskammer gelandet, hast du das vergessen?«

Die plötzlich eingetretene Stille nach diesem Satz erschreckte mich weit mehr, als das Geschrei zuvor.

»Meinst du, Schorschi«, fragte Mama leise, »ich koch uns jetzt einen Kaffee?«
»Wenn wir einen Kuchen haben ...«
So endete der Streit, Kaffeeduft zog durchs Haus, die Gewitterwolken verflüchtigten sich, und als wir am Tisch beieinander saßen, redeten meine Eltern, als wäre nichts gewesen. Papa seufzte wohlig:
»Gut ist der Kuchen, gut hast du ihn gemacht.«
Danach drehte er sich mit Hilfe einer kleinen Maschine eine Zigarette. Einen Teil des Tabaks, den er dazu verwendete, verdankte er mir; denn wenn er auch so manche Schachtel amerikanischer Zigaretten für seine Bilder bekam, wenn auch Zigaretten vor der Währungsreform sehr wohl auf dem schwarzen Markt für fünf Mark pro Stück erhältlich gewesen waren, und jetzt die kleinen bunten Schachteln langsam in den Geschäften auftauchten, blieb es doch vorerst noch immer Aufgabe der Kinder, ihre Väter mit Tabak zu versorgen.
Amerikanische Soldaten, weiße und farbige, auf den Randsteinen sitzend, langsam durch die Straßen schlendernd, kaugummikauend oder rauchend, bestimmten das Bild der zerstörten Stadt genauso mit, wie Kinder, die lauernd an einer Ecke warteten oder den Soldaten solange nachschlichen, bis eine käsig weiße Hand oder eine schönere, braune, sich vom Rest der Zigarette trennte. Ich nahm nur die langen Stummel. Das machte die Sache mühsam und führte mich weit herum, aber immer hielt ich den Blick auf die Hände gerichtet und unvermeidlich auf die fest in die khakifarbenen Hosen gepreßten Arschbacken, die sich gerade in Augenhöhe vor mir bewegten und mir so mißfielen, daß ich bis heute eine gewisse Aversion gegen Amerikaner nicht los geworden bin.

Ansonsten beschäftigten mich in diesen Jahren Schulprobleme.
Auf das Fräulein Brockob der ersten Klasse folgte eine skurrile Dame namens Schmid, mit einer dicken Warze auf der rechten Wange, roten, kunstvoll hochgetürmten Haaren und der Angewohnheit, uns Schülerinnen für gute Leistungen ein »Ei-ei« zu geben, indem sie ihre Backe mit der Warze und ein paar harten Haaren darauf an der unseren rieb. Meine Leistungen ließen auf der Stelle nach. Mein ästhetisches Empfinden übertraf meinen Ehrgeiz. Mama machte sich Sorgen, glaubte, ich sei krank, rätselte herum, probierte es mit Watschen und erfuhr schließlich die Wahrheit. Fräulein Schmid hatte außer der Anwendung ihrer Warze noch andere seltsame Gewohnheiten, an denen ich mich nicht weiter stieß, die aber meiner Mutter, sobald sie davon hörte, den Vorsatz eingaben, schnurstracks zum Rektor zu gehen.
»Das kannst du doch nicht machen«, sagte Papa, »die Schmid ist die Geliebte vom Doktor.«
»Was geht das uns an?«
»Aber wir haben ihm doch schon die Steine gestohlen.«
»Ich bitte dich«, antwortete Anna scharf, »vermenge nicht zwei Dinge, die nichts miteinander zu tun haben. Außerdem glaube ich nicht, daß der fesche Doktor etwas mit der verrückten alten Schmid hat.«
»Sie ist lediglich elf Jahre älter als er, und ihr Bruder ist Professor an der Chirurgischen Klinik.«
»Was hat denn das damit zu tun?«
»Aber Annerl, eine Protektion wird er sich halt erhoffen.«
»Das glaub' ich nie«, sagte meine Mutter, »wie schlecht du von den Leuten denkst.«

Am nächsten Morgen trug sie dem alten Rektor Murschhauser, der die Geschichte der Kirchenschule seit 1927 und auch jetzt, während ihres gastweisen Aufenthalts in der Flurschule, lenkte und alle Haidhauser kannte, die Sache vor. Mitten im Schuljahr wurde daraufhin in der Klasse zwei a ein Lehrerinnenwechsel vorgenommen. Daß meine Mutter daran nicht unbeteiligt war, erfuhren alle. Ich holte eilig nach, was ich versäumt hatte.
Und der alte Murschhauser kämpfte unermüdlich weiter um den Wiederaufbau seiner Kirchenschule.
Diese Schule hatte eine bewegte Zeit hinter sich.
1875 war sie erbaut worden als damals einzige Schule in Haidhausen, das eine viel größere Ausdehnung hatte als heute. Die Klassen waren überfüllt. Für Kinder, die bis von Ramersdorf hereinkamen, gab es in der Mittagspause in einer Kaffeestube eine warme Suppe umsonst und für einen Kreuzer eine Bauernnudel. Zwei Kreuzer mußte man zahlen, wenn man eine Schmalznudel wollte.
Im ersten Weltkrieg belegte Militär das Schulhaus, in der Zeit der Räteherrschaft, im Frühjahr 1919, schlugen die Rotgardisten ein Stadtquartier dort auf. Graf Anton Arco-Valley wurde am 29. April 1919 von der Chirurgischen Klinik, wo er seit Monaten als Patient gelegen hatte, als Geisel in die Kirchenschule verbracht. Er sollte tags darauf ins Luitpoldgymnasium geschafft und dort mit den anderen Geiseln erschossen werden. Doch wurde er durch eine List gerettet. Für die Schule kamen wieder ruhigere Tage.
Zur 60-Jahrfeier im Jahre 1935 wurde das Haus renoviert, die Gasbeleuchtung durch elektrisches Licht ersetzt und fließendes Wasser in jedes Klassenzimmer gelegt.
Der zweite Weltkrieg entzog dem Gebäude nach und

nach seine Bestimmung. Im Turnsaal wurde die Lebensmittelkarten-Verteilungsstelle eingerichtet und ein Möbelbergungslager, und als die meisten Kinder evakuiert worden waren, zogen russische Kriegsgefangene in das Schulhaus ein. Ich erinnere mich an ihre mit dicken wollenen Tüchern und Lappen umwickelten Gestalten, an die runden, gutmütigen Gesichter und daran, daß Mama ihnen manchmal Brot schenkte, obwohl das streng verboten war.

In der Nacht vom 7. auf den 8. Januar 1945 fielen zehn Brandbomben auf die Schule, der Dachstuhl brannte nieder, der dritte Stock und teilweise auch der zweite. Da spielte es dann keine Rolle mehr, daß die gefangenen Russen, nachdem die amerikanischen Truppen einmarschiert waren, das Haus, wie auch die umliegenden Geschäfte, zum Beispiel die Weinkellerei Riemerschmid, plünderten und zusammen mit den Haidhausern Bänke und Pulte verheizten. Der Schulhausoffiziant und das alte dürre Fräulein Jeserer konnten nicht viel mehr retten als die Schulakten. Im August 1945 erfolgte der Rücktransport der Russen in ihre Heimat. Für die weite Reise in Güterzügen nahmen sie die restlichen zweihundert Stühle und Bänke der Schule als Sitzgelegenheiten mit.

Das Haus war nun eine ausgeplünderte, bombenbeschädigte Ruine, in die der Regen eindrang bis ins Parterre. Obwohl vom Staatsministerium des Inneren, der sog. Obersten Baubehörde, bescheinigt worden war, daß 53 cbm Nadelschnittholz und 70 000 Dachziegel sofort an die Kirchenschule auszuliefern seien, gab es in München keine Firma, in deren Lager sich dergleichen gefunden hätte.

Der achtundsechzigjährige Rektor Murschhauser lebte

zu der Zeit draußen auf dem Land, galt noch als evakuiert und machte sich teils zu Fuß, teils mit dem Rad, die Bescheinigung der Baubehörde in der Tasche, auf die Suche nach Firmen, die Dachstuhl und Dachplatten liefern konnten. Aber so viel er sich auch plagte zwischen Wasserburg, Passau und Mühldorf, ihm war kein Erfolg beschieden. Endlich sorgte im Hochsommer 1947 eine Baukommission aus den höchsten Vertretern des Stadtrates, des Stadtbauamtes und des Stadtschulamtes dafür, daß 30000 Dachplatten anrollten. Der Wiederaufbau wurde im Oktober 1947 in Angriff genommen, zwei Monate danach starb der Murschhauser.
Neuer Rektor wurde Fritz Schönle, dessen Bruder in der Jugendstraße wohnte und später als Steuerberater meines Vaters fungierte. Schönle kämpfte weiter für die Schule. Er war Junggeselle, sah gut aus, brach mancher Lehrerin das Herz, kaufte sich ein paar Jahre nach der Währungsreform ein Motorrad und hat sich damit, wie die Leute sagen, »derrennt«.

Er gab 1950, zur 75-Jahrfeier der Schule, ein Heftchen über diese heraus, nannte es »Festschrift« und verlangte eine Mark und fünfzig Pfennig dafür. Wenn die Eltern es haben wollten, mußten sie ihren Kindern den Betrag mitgeben. Ich brachte das Heft geschenkt und mit dem Eintrag »Für großen Fleiß« nach Hause. Mein Vater freute sich über das gesparte Geld, Mama über das erhaltene Lob, nur ich fühlte mich unglücklich. Mir fehlte vor dem Wort »groß« das Wörtchen »sehr«. Ich blieb unverbesserlich ehrgeizig.
Schönle führte die Schule mit Schwung und Würde. Wir schauten respektvoll, nicht ganz ohne Angst, aber in dem

Wissen zu ihm auf, daß er Leistung anerkannte, Verlogenheit haßte und absolut gerecht urteilte.
Noch bevor wir in die neu aufgebaute Schule einzogen, wurden alle Lehrkräfte, die das fünfundsechzigste Lebensjahr überschritten hatten, in den Ruhestand oder wieder in den Ruhestand geschickt. Viele waren dabei, die vierzig Jahre und länger Haidhauser Kinder unterrichtet hatten. Nun kamen neue, jüngere Frauen für die Mädchen und Männer für die Buben. Es gab nur eine gemischte Klasse – die unsere. Alle weiblichen Lehrkräfte, mit Ausnahme einer einzigen, waren unverheiratet. Man nannte sie »Fräulein«, diese Anrede genügte, den Namen brauchte man sich nicht zu merken. Daß eine Klasse ihre Lehrerin »Frau Ernst« titulieren mußte, erschien uns reichlich komisch. Eine verheiratete Lehrerin betrachteten wir mit Mißtrauen.

Im Mai 1948 zogen wir – Kinder, Lehrer und Rektor – von der Flur- in unsere neu aufgebaute Kirchenschule um.
Ich ging in die dritte Klasse und war an eine Lehrerin geraten, deren Liebe ausschließlich dem Rektor galt. Daß er sie wiederliebte, glaube ich nicht. Die Dame achtete sehr auf ihr Äußeres und wenig auf unser Inneres. Sie kam gut mit Kindern zurecht, deren Gefühle gradlinig verliefen, und hatte es schwerer mit solchen wie mir. Doch schob sie uns und die Gedanken an uns mit kühlem Egoismus weg und konzentrierte sich auf das, was ihr wichtig war: auf den Rektor. Bekommen hat sie ihn aber nicht.
In diese Zeit fiel meine erste Beichte. Unerwartete, nie gekannte Ängste bestürmten mich. Und weit und breit

gab es niemanden, der mir hätte helfen können. Mama und Papa schieden aus. Über so etwas redet man mit seinen Eltern nicht.

Der Religionslehrer, der lange Berger, saß während des Unterrichts auf dem Katheder, hielt die Beine übereinandergeschlagen und die langen Finger um die Knie gefaltet und schien sich für alles mehr zu interessieren als für kleine, achtjährige Mädchen und Buben. Er forderte uns zwar auf, ihm Fragen zu stellen, aber wir fragten nicht. Ich schlug mich allein mit dem Problem herum, was nun »Unkeusches gedacht, gesprochen, getan, allein und mit anderen« heißen mochte. Und da ich es nicht herausfand, und der Tag der Beichte immer näher rückte, und die Angst, etwas falsch zu machen und dafür ewig in die Hölle zu müssen, mich weder am Tag noch während der Nacht zur Ruhe kommen ließ, beschloß ich folgendes zu sagen:

»Ich habe oft Unkeusches gedacht, gesprochen und getan, allein und mit anderen.«

Als es heraußen war, fühlte ich mich frei und erleichtert. Der lange Berger hat es sich im Beichtstuhl angehört und dazu geschwiegen. Er war wohl wirklich nur dafür zu gebrauchen, bei der Haidhauser Cholera-Prozession, die seit 1836 alljährlich am Dreifaltigkeitssonntag abgehalten wurde, vorauszugehen, zusammen mit dem Kirchenvorstand, dem Schinner, der gerade so klein und dick war, wie der Berger lang und dünn.

In meiner Kindheit gab es diese Prozession noch. Der alte Stadtpfarrer, der Daffenreiter, ein Niederbayer, trug unter dem Baldachin die Monstranz durch die Straßen, viele Leute gingen mit, überall hingen rote und blaue Tücher aus den Fenstern und an fünf auf der Straße aufgebauten, mit Pfingstrosen geschmückten Altären wurde gebetet. Der Brauch hielt sich an die einhundertfünfundzwanzig Jahre, bis zu der Zeit, da ein fortschrittlicher Pfarrer nicht nur die Johanniskirche so modernisieren und renovieren ließ, daß dem ohnehin wenig schönen Bau jede Wärme gänzlich genommen und durch kalte Häßlichkeit ersetzt wurde, sondern auch gleich mit den alten Bräuchen aufräumte. Der Herr besaß einen südländisch klingenden Namen, seine Stirn zierte eine dunkle Schmachtlocke. Obwohl nicht eben schlank, gefiel er den Frauen. Er betrachtete sich als Neuerer und ist, wie nicht anders zu erwarten, bald an hoher Stelle im Ordinariat gelandet. Zu dem Guten, das er Haidhausen erwiesen hat, gehörte die Versetzung des Kaplans Berger in eine andere Pfarrei.

Durch das nächste Schuljahr begleitete uns eine liebe, alte Lehrerin, die mit uns die Aufregungen um die Erstkommunion durchstand. An das Beichten hatten wir uns gewöhnt, ich behielt meinen unkeuschen Satz bei.
Ab Februar übten wir für die Kommunion, zuerst im Schulzimmer, dann in der Kirche. Wir übten die Wechselgebete, das fromme Knien in den Bänken, das Heraustreten in Reih und Glied, das langsame Vorschreiten zur Kommunionbank, das Kopfneigen, das Zurückgehen und das Niederknien in der Bank, wobei man den Kopf in die Hände zu legen und möglichst lang in dieser unbequemen Haltung zu verharren hatte. Vielleicht war manches Kind wirklich bei der Sache und begriff auch einen Teil von ihr. Die Mehrzahl von uns beschäftigte weit mehr das Drumherum.
Tante Resi hatte Stoff für Kleid und Mantel aus Amerika geschickt. Ich wollte aber keinen Mantel und ein Kleid

aus Voile erst recht nicht. Die anderen Mädchen bekamen glänzende, seidige Stoffe. Meiner war matt und dünn und stumpf. Mama versuchte mir einzureden, daß mein Stoff viel eleganter sei, und als ich es nicht glauben wollte, versuchte sie es mit einer Tracht Prügel, die mich zwar nicht überzeugte, aber verstummen ließ.

Inständig wurden wir darauf hingewiesen, daß es schrecklich wichtig sei, am Morgen der Kommunion nüchtern zu bleiben. Das hat mich, nach der Kleiderfrage, am meisten beschäftigt. Der Gedanke, daß ich aus Versehen einen Bissen essen oder einen Schluck trinken könnte, versetzte mich in wahnsinnige Aufregung. Wie schrecklich, wenn ich als einziges Kind nicht an der Feierlichkeit hätte teilnehmen können! An dem mit so viel Erregung erwarteten Tag im April regnete, schneite und hagelte es. Ich war froh um meinen Mantel, war nüchtern geblieben und konnte vor ängstlichem Zittern die schwere Kerze kaum gerade halten. Nicht anders als vor dreißig Jahren bei Mamas Erstkommunion, knieten weißgekleidete Mädchen links und kleine Buben in dunklen Anzügen rechts in den vorderen Bänken, die Kerzen brannten, ab und zu fiel eine aus dem Halter, die Eltern bekamen feuchte Augen.

Zuhause lag ein Stapel Glückwunschkarten: Kitschige Bilder von Heiligen, die ich jahrelang aufhob. Die Nonnen aus dem Kloster nebenan schickten einen riesigen Kuchen, einen sogenannten Rehrücken, mit echter Buttercreme. Mama sah bezaubernd aus in dem Kostüm ihrer Schwester aus Amerika und trug den ersten verrückten Hut nach dem Krieg, dem noch viele folgen sollten.

Auf den Fotos, die mein Vater von uns machte, stehen

Frau Gallinger, lachend und hübsch, Frau Spanner, dick, dumm und sehr glücklich, meine wunderschöne Mutter und die auch an diesem Tag griesgrämige Großmutter in einer Reihe. Davor ich, weiß gekleidet, mit der Kerze in der Hand und mit offenem Mund, aus dem die oberen zwei Schneidezähne, umspannt vom Draht einer Spange, über die Unterlippe ragen.

Der Tag der Erstkommunion ging vorbei.
Papa nahm den ersten Umbau des Hauses in Angriff.
Mama rang die Hände und redete vom Bankrott.
Die Holzhütte hinten im Hof wurde abgerissen. An ihrer Stelle entstand ein Anbau aus Stein, dessen Parterre, wie früher, zum Aufbewahren von Holz und Kohle dienen sollte und in dessen erstem Stock das heißersehnte Bad Platz fand. Alles zusammen kostete genau eintausendneunhundertsechsundneunzig Mark und einundsechzig Pfennige.

Daneben nahmen sich die einhundertfünfzig Mark für das gebrauchte Klavier, das ich bekam, bescheiden aus. Noten schenkte mir der Herr Major. Thuman kam, nach der Entnazifizierung, gern zu uns auf Besuch und brachte seine jeweiligen Freundinnen mit, verheiratete Frauen, in deren Haushalt er lebte und deren Männern er als kluger Gesprächspartner hochwillkommen war. Ein Leben ohne Familie erschien dem Major nicht sinnvoll, nur mußte es ja nicht gerade eine eigene sein.
Papa bezeugte ihm, obwohl von militärischen Bräuchen weniger als je haltend, Hochachtung und Dank durch stramme Haltung und Zusammenschlagen der Hacken, und ich rief laut, während ich knickste:

»Grüß Gott, Herr Major!«
Thuman machte mir klar, daß ich das jetzt nicht mehr sagen dürfe, und strahlte. Bald nach der Begrüßung ließ er sich etwas auf dem Klavier vorspielen, hörte in Haltung zu, lobte meine Fortschritte und sagte zu Papa:
»Großartig, Wilhelm, großartig.«
Dann marschierte er voran aus dem Zimmer, mein Vater hinterher.
Ich durfte dabeisitzen, wenn er sich mit meinen Eltern unterhielt. Es bestand keine Gefahr, daß ich sie durch vorlaute Bemerkungen in Verlegenheit brachte. Denn sie bescherten mir, als sich nach der Währungsreform ihre Finanzen besserten, nicht nur ein Klavier und Klavierstunden, Spitzenschuhe und Ballettunterricht bei einer früheren Primaballerina der Staatsoper, sondern auch eine Spange für meine Zähne. Und diese Spange verleidete mir jedes Wort.
»Siebenhundertfünfzig Mark habe ich für dich ausgegeben«, schrie mein Vater jedesmal, wenn wir uns später in die Haare kamen, »unmittelbar nach der Währungsreform, zu einer Zeit, zu der kein anderer Vater das getan hätte. Und wo bleibt der Dank?«
Für die für damalige Verhältnisse tatsächlich horrende Summe übernahm Professor Ascher, der seine Praxis am Siegestor hatte und einer der ersten war, der Kieferregulierungen machte, die Wiederherstellung meiner Schönheit. Die Behandlung zog sich über Jahre.
Anfangs fuhr Mama mit mir in der mit besonders wackeligen Waggons ausgestatteten Linie siebenunddreißig hinunter nach Schwabing. Sie hielt meine Hand, wenn mir der Professor mit metallenen Schaufeln die glühend heiße, rosa Masse für den Abdruck in den Mund steckte,

und zischte, wenn es mich würgte: »Führ dich nicht so auf!«
Dabei hatte ich das Würgen geradeso von ihr wie die Angst vor Hunden und die Unfähigkeit, mit einem Bus zu fahren. Ich bekam eine Spange für den Tag und eine für die Nacht. Die für den Tag trug ich am Oberkiefer. Ascher schob ihre beiden Teile mittels einer in der Mitte befestigten Schraube alle vierzehn Tage weiter auseinander. Das Gestell tat weh und hinderte beim Sprechen. Es machte mich zum Gespött meiner Mitschüler. Ich war weit und breit das einzige Kind, das so einen, bis dahin unbekannten Apparat, im Mund trug. Für die Nacht verpaßte mir der Zahnarzt ein faustgroßes gewölbtes Ding, in das die oberen und die unteren Zähne gleichmäßig griffen, so daß die Zunge gefangen in der Mitte der Wölbung lag. Man konnte damit schlucken, verschlucken konnte man es nicht, zum Sprechen mußte man es herausnehmen. Der letzte Satz, den ich seitdem abends zu hören bekam, hieß nicht mehr »Schlaf gut«, sondern: »Laß die Spange drin.«
Wenn ich es mir recht überlege, wurde ich über alle Maßen verwöhnt, verzogen und geliebt, durfte vieles tun und erlernen und genoß bei alledem eine große Freiheit, die mir mein Vater im Vertrauen auf meinen wachen Verstand gewährte. Dafür nahm er sich aber auch das Recht, mich zu verprügeln, wann immer ich das nach seiner oder Mamas Meinung verdient hatte.
Es gab Tage, an denen ich zitternd vor Angst sein Nachhausekommen am Abend erwartete. Ich saß in der Küche, auf dem Divan Mama stand am Herd und kochte und brauchte nur zu sagen:
»Schorschi, die Monika hat heute wieder . . .«

Schon kam er auf mich zu, ergriff mich über den Tisch hinweg, wenn ich es nicht geschafft hatte, blitzschnell unter das Sofa zu kriechen, von wo er mich jedoch auch, allerdings erst nach kurzem Kampf, hervorholte, zerrte mich in die Mitte des Zimmers, nahm einen Kochlöffel, manchmal den Teppichausklopfer und schlug auf mich ein.

Ich schrie von dem Augenblick an, in dem seine Hand mich packte, schrie, während er mich schlug und brüllte weiter, wenn ich aus dem Zimmer gestoßen und hinauf in mein Bett geschickt wurde, und noch, während ich dort lag.

Hin- und hergerissen zwischen Haß und Liebe auf meine Eltern, schwor ich mir, »es« – und was war dieses »es«? – ich habe es vergessen – nie wieder zu tun.

Gegen Ende des vierten Schuljahres tauchte die Frage auf: Gymnasium oder nicht? Ich war immer noch sehr zart, aber nicht mehr klein, ich hatte begonnen zu wachsen, nicht nach und nach, eher schubweise. Alle halbe Jahre überfiel mich ohne ersichtlichen Grund, ohne jegliche Vorwarnung, eine starke Angina. Eitrige Mandeln, hohes Fieber, alles was dazu gehört! Der Arzt kam mit dem Stäbchen für den Abstrich, der eingeschickt wurde, um festzustellen, ob ich nicht etwa Diphtherie hätte. Ich hatte nie Diphtherie, entwickelte mich jedoch zu einem von allen Haidhauser Ärzten gefürchteten Kind, weil mich weder gutes Zureden, noch Drohungen davon abhalten konnten, in einer Blitzreaktion, sobald der Doktor nur mit dem Stäbchen in meinen brav aufgerissenen Mund weit hinter bis an die Mandeln fuhr, ihm mit dem Fuß einen kraftvollen Stoß in den Bauch zu versetzen.

Seit ich einen Arzt dabei so glücklich erwischt hatte, daß er nach rückwärts mit dem Kopf ans Klavier flog, mußten die Ärzte von immer weiter hergeholt werden.
Sonderbarerweise erhielt ich für die üble Behandlung der Mediziner niemals Prügel. Mama schien die unkontrollierte und nicht abstellbare Abwehrhandlung zu verstehen. Das einzige, was sie wirklich an meinen Krankheiten mißbilligte, war, daß ich dabei jedesmal einige Zentimeter wuchs. Frau Spanner stückelte die Kleider, die allesamt von Resi aus Amerika geschickt wurden, jeweils schon an, während ich noch im Bett lag.

Daß es mich selber sehr auf die Oberschule gezogen hätte, kann ich nicht behaupten. Seit ich erfahren hatte, daß wir in den nächsten beiden Klassen Fräulein Appel haben würden, wollte ich nichts lieber, als in der Kirchenschule bleiben.
Dieser Wunsch, meine – abgesehen von den Beinen – schwache Konstitution und die Bedenken meines Vaters, er sei nicht gesund genug, um mich bis zum Abitur und während eines Studiums zu ernähren, all das zusammen bewirkte schließlich meinen Verbleib auf der Volksschule. Insgeheim hegte ich schon damals die Absicht, einmal Schauspielerin zu werden.

Und gleich zu Beginn des fünften Schuljahres, im Herbst 1949, hätte ich beinahe auf dem Oktoberfest, das in diesem Jahr erstmals wieder stattfand, mein erstes Engagement erhalten.
Meine Mutter liebte die Ausschreier, sie vor allem. Wir standen vor den Buden und hörten ihnen zu, rings um uns kein Trubel, keine wildgewordenen Horden Halb-

wüchsiger, nur ein paar am Nachmittag bereits besoffene amerikanische Soldaten, sonst Leute wie wir, glücklich über das Volksfest in der immer noch zerstörten Stadt.
»Weißt du was«, sagte Mama, »wir machen uns jetzt eine besondere Gaudi und gehen zum Schichtl. Da wirst du lachen.« – »Hereinspaziert, meine Damen und Herren«, rief der Ausschreier, »hier sehen Sie die letzte arbeitende Guillotine. In jeder Vorstellung rollt ein Kopf. Versäumen Sie nicht die nächste Guillotinierung, sie beginnt in fünf Minuten.«
Meine Mutter drängte zur Kasse, ich folgte zögernd.
»Was ist eine Guillotine?«
»Wirst schon sehen.«
Sie schob mich in dem kleinen Zuschauerraum nach vorn, in die erste Reihe.
Der Ansager von draußen war jetzt drinnen.
Zwei Rollschuhläufer traten auf, ein Mann und eine Frau. Der Mann nahm etwas in den Mund, die Frau ebenfalls. Und dann wirbelte der Mann die Frau durch die Luft, während er Pirouetten drehte und sie mit dem Ding zwischen den Zähnen an seinem Mund hing. Mir gefiel es gar nicht und ich war froh, als die Nummer zu Ende ging. Der Rollschuhläufer trat vor an die Rampe, schaute ins Publikum, faßte mich ins Auge und rief:
»Ah, da ist ja so eine reizende Kleine, willst du nicht heraufkommen und mitmachen?«
»Nein«, rief ich außer mir vor Angst, »nein, Mama! Ich laß mich doch nicht an so einem Ding im Mund herumschleudern. Gehen wir!«
Der Mann versuchte es mit Lächeln und Charme. Ich brach in Tränen aus.
Endlich verließen die Rollschuhläufer die Bühne. Andere

Artisten kamen, die Gott sei Dank nichts von mir wollten. Dann: die letzte Nummer. Trommelwirbel. Der Ansager erschien, kündigte die Sensation des Nachmittags an, ließ ein großes Holzgestell hereinfahren.
»Siehst du das Beil oben?«, flüsterte Mama.
»Ein Beil?«
»Ja natürlich, ein Beil, in der französischen Revolution haben sie damit den Leuten den Kopf abgeschlagen.«
»Wer aus dem Publikum«, rief der Mann, »kommt zu mir herauf, wer ist mutig, wer läßt sich das Haupt vom Rumpfe trennen?« »Mama, das kann er doch nicht tun?«, schrie ich ganz laut.
»Ich werde es tun, meine Kleine«, antwortete der Mann von oben, »ich werde jemandem den Kopf abschlagen und danach wieder ansetzen. Ah, hier kommt schon ein wagemutiger junger Mann.«
»Gehen Sie bloß nicht hinauf«, rief ich, »er lügt. Niemand kann einen abgeschlagenen Kopf wieder ansetzen. Er bringt Sie um.«
Aber der Jüngling hörte nicht auf meinen Einwand, ging auf die Bühne, legte sich auf den Holzbock, und der Alte schlug ihm mit dem Fallbeil den Kopf ab.
Vor Schreck konnte ich nicht schreien. Als der Mann einen abgeschlagenen Kopf aus der Kiste hob, aus dessen Halsstumpf rotes, dickes Blut tropfte, entfuhr es mir: »Mama, mir wird schlecht.«
Ich merkte nicht, daß die Leute um uns herum mir weit mehr Beachtung schenkten, als dem Geschehen auf der Bühne. Es tröstete mich auch nicht, als der Alte dem Jüngling den Kopf wieder ansetzte und dieser lebendig und mit Kopf dem Guillotinenkasten entstieg.
»Mama«, schluchzte ich, »du hast gesagt, das ist lustig,

wie kannst du so etwas lustig finden. Gehen wir doch endlich.«
Meine Mutter ließ sich von mir unter dem Beifall des Publikums aus dem kleinen Saal ziehen. Der Mann oben auf der Bühne verließ diese eilig und lief uns nach.
»Gnädige Frau«, sagte er erregt zu meiner Mutter, »geben Sie mir dieses Kind, wenigstens für ein paar Vorstellungen. Ich bitte Sie.«
Nun, das hätte mir gerade noch gefehlt. Ich wollte nichts wie heim und zog Mutter mit mir fort.
Der Vater zuhause lachte ausgiebig über die Geschichte und erklärte mir den Trick. Ich begriff ihn. Warum es jedoch eine Gaudi sein sollte, verstand ich nicht.

Mitten im Winter folgte auf den ersten Haus-Umbau der zweite. Ein Kriegskamerad Georgs, Ostpreuße, Schreinermeister, Flüchtling, dankte für die Hilfe bei der Entnazifizierung, indem er unsere alte, steile Treppe vom Parterre in den ersten Stock durch eine neue, gangbarere, ersetzte. Ein paar Tage kletterten wir über eine Strickleiter, und Papa mußte wohl oder übel den Arm um die Spannerin legen und sie auf dem schwankenden Ding hinauf- und hinuntergeleiten, denn sie hatte Angst, wie wir auch.

Mama schimpfte über den Dreck. Aber ich hatte für nichts anderes Augen und trug nichts anderes im Sinn als Fräulein Appel, die Lehrerin, die ich im neuen Schuljahr bekommen hatte. Fräulein Appel liebte ich heiß. Sie war wie geschaffen für Kinder wie mich, und alles, was mein Zappelherz an Gefühlen für einen Menschen aufbringen konnte, flog ihr zu. Mama spürte das, kämpfte gegen die in ihr aufsteigende Eifersucht, nicht selten auch gegen die Verursacherin derselben – ohne Erfolg. So wie ich bisher fraglos für richtig gehalten hatte, was meine Eltern sagten, wurde nun alles, was aus Fräulein Appels Mund kam, zum Evangelium. Sie war ohne Zweifel eine Frau von Format, blitzgescheit, warmherzig, streng und gütig zugleich und sehr fromm. Was sie in puncto Frömmigkeit mit uns anstellte, beobachteten meine Eltern mit Skepsis.

Fräulein Appel teilte die Zeit geschickt ein. Sie verwandte die Vormittagsstunden für Deutsch, Geschichte, Erdkunde, Rechnen usw., wobei sie in all diesen Fächern neue, heute wahrscheinlich veraltete, aber recht gute Methoden anwandte. Für ihren Bibelunterricht behielt sie sich die späten Stunden des Nachmittags vor, wenn die Dämmerung die Ahornbäume draußen auf der Wiese vor der Johanniskirche sanft umhüllte und die Umrisse im Schulzimmer, in dem kein Licht angeschaltet wurde, ineinanderflossen. Sie führte uns, so von der Stimmung des sich neigenden Tages eingehüllt, tausende von Jahren zurück, erzählte die Geschichten des Alten Testaments, lehrte uns die Menschen von damals erkennen und verstehen, und ließ uns begreifen, weshalb gerade das jüdische Volk einen Mann wie Jesus von Nazareth hervorgebracht hatte.

In der Kunst, Stimmung herzustellen, konnte Mama es durchaus mit ihr aufnehmen. Dabei verfügte sie über ein ganzes Haus als Requisit, über Gerüche, Speisen, Getränke, über Kerzenlicht und seltsam abgedunkelte Lampen. Sie besaß eine eigene, besondere Erzählkunst, wenn sie aus ihrer Kindheit berichtete, oder von Filmen, die sie gesehen hatte. Erzählt von ihr und ausgeschmückt mit ihrer Fantasie, waren sie so unübertrefflich schön, daß Papa und ich jedesmal enttäuscht das Kino verließen, wenn wir uns so einen Film nachträglich angesehen hatten. Doch mit einem Mal faszinierten mich die Bibelstunden der Lehrerin mehr, die Geschichten der Mutter verloren an Reiz.

Ich wurde für meine Eltern problematisch.

Das Weihnachtsfest verlief noch harmonisch. Mein Vater wandte nichts dagegen ein, daß ich zu Weihnachten eine Krippe haben wollte, hatte er doch gerade einen Oberammergauer Holzschnitzer entdeckt, dessen Figürchen ihm über die Maßen gefielen, auch wenn sie teuer waren. Mama verbrachte den Advent mit Plätzchen- und Stollenbacken. Die kandierten Früchte dazu hatte Resi aus Amerika geschickt. Beinahe dreißig Jahre lang, bis zu ihrem Tod, sorgte sie für diese Früchte, weil es eine so vielfältige Mischung bei uns weder gab noch gibt.

Am Heiligen Abend las Mama das Weihnachtsevangelium vor oder, was ihr lieber war, die »Heilige Nacht« von Ludwig Thoma. Die Frömmigkeit meiner Eltern erfüllte mich mit Genugtuung.

Erst das Osterfest warf schwere Probleme auf. Fräulein Appel drang über die Kinder zu den Eltern vor. Gemeinsam sollte man zur Kommunion gehen. Anna und Georg, sonst so frei, handelten in gewissen Dingen äußerst scheu und befangen. Ich habe nie gesehen, daß sie einander küßten, und – obwohl das nichts damit zu tun hat – sie weigerten sich auch strikt, mit mir zur Kommunion zu gehen.

Papa sagte, ich könne Fräulein Appel ausrichten, er ginge zur Beichte und zur Kommunion, wann es ihm paßte, er

sei ein anständiger Mensch auch ohne diesen Firlefanz und sie solle sich gefälligst um ihren eigenen Kram kümmern.
Ich gelangte zu der Auffassung, daß meine Eltern nicht in der Gnade lebten und daß ich darüber verzweifeln müsse. Zum Glück ging Ostern vorbei, und im übrigen vergaß ich meinen Kummer beim Suchen der Osternester, die im ganzen Haus versteckt waren und in denen ich hauptsächlich Bücher fand. Ich machte mir und meinen Eltern die Freude, an den Osterhasen zu glauben, bis es schier nicht mehr glaubhaft war. Genauso hielten wir es an Weihnachten und spielten das Spiel von den Englein, die am Fenster vorüberflogen, ein Engelshaar verloren und ein Plätzchen dazu.

Bis Mai vergaß ich auf das religiöse Gequengel und las die geschenkten Bücher, dann fing der Ärger wieder an: Ich baute einen Maialtar. Gegen das Marienbild und die Kerzen hätte Mama weniger gehabt, obwohl sie meine neue Frömmigkeit mit Mißtrauen erfüllte. Aber ich schleppte eine Menge Blumen aus den Anlagen daher, lauter Blumen, deren Blütenblätter zuhause sofort abfielen.
»Du hast die Frömmigkeit und ich den Dreck«, schimpfte sie.

Überhaupt konnte man den Eindruck gewinnen, daß Papa und ich eine ganze Menge Dreck machten, der sie in Rage brachte. Sie drohte ständig, uns zu verlassen und sich eine Stellung zu suchen. Dann könnten wir schauen, wo wir blieben.
Wir hörten derlei Tiraden betreten an und hofften, sie würde ihren Vorsatz nicht in die Tat umsetzen, schließ-

lich brauchten wir sie nötig! Wie sollte ich ohne sie meinem heißgeliebten Fräulein Appel imponieren? Mama hörte ab, was auswendig zu lernen war, erklärte mir den Gang einer Rechnung, wenn ich ihn nicht verstand, und half mir, Aufsätze zu schreiben, vielmehr, sie schrieb sie.

Ich saß an Papas Schreibtisch im Wohnzimmer. Wir besaßen jetzt eines. Frau Spanner war umquartiert worden, vom zweiten Stock ins Parterre; ins Schlafzimmer meiner Eltern kam das Wohnzimmer, in meines die Küche, und die Schlafzimmer verlegte Papa nach oben in den zweiten Stock. Von dort aus brach er eine Tür durch, hinaus auf das Dach des Bad-Anbaus, und legte hier einen Dachgarten an.

Der Schreibtisch, das Geschenk eines Kunden, hatte ungeheure Ausmaße. Ich saß klein und verloren daran und quälte mich mit einem Hausaufsatz, während Anna in der Küche hantierte.
»Mama!«
»Was?«
»Mir fällt nichts ein.«
»Denk nach.«
»Mama.«
»Ja.«
»Ob dir was einfällt?«
»Nein bestimmt nicht. Ich hab' einen Haufen Arbeit und keine Zeit, laß mich in Ruh'. – Wie heißt denn das Thema?«
Ich sagte es.
»Da fällt einem doch eine Menge ein.«
Schweigen.

Mir fiel nichts ein.
Stimme aus der Küche: »Was hast du bis jetzt?«
Ich hatte nichts: »Sag mir halt den ersten Satz.«
»Wer geht hier in die Schule, du oder ich? Also gut, dann schreib . . .«
Sie diktierte den ersten Satz, den zweiten und so weiter. Schlug ich einen eigenen vor, wurde er als »zu krampfig« verworfen.
In kurzer Zeit waren wir fertig. Papa kam heim.
»Du Paps, ich soll da eine Zeichnung unter den Aufsatz machen.«
»Hast schon was?«
»Ja, aber noch nicht angemalt.«
Mein Vater widerstand nie.
Er nahm das Heft und begann, meine Zeichnung zu verbessern und farbig zu schraffieren, kein anderer Vater konnte das. Mein Aufsatzheft erhielt bei einem Wettbewerb der Stadt München, zu dem Fräulein Appel es eingereicht hatte, den ersten Preis.
Und ich eine Einladung zu einem Essen im Rathaus, zusammen mit dem Bürgermeister, dem Stadtschulrat und den anderen Gewinnern.
»Mein Gott«, sagte meine Mutter, »wenn die draufkommen.«
»Die werden sie ja dort keinen Aufsatz schreiben lassen«, antwortete Papa.
»Monerle«, sagte Fräulein Appel ein paar Tage vor der Einladung, »hoffentlich weißt du, wie man Weißwürste ißt, es gibt dort welche.«
Ich kam verstört nach Hause.
»Wir müssen Weißwürste beim Bürgermeister essen, die Appel hat mich gefragt, ob ich das richtig kann.«

»Um Himmels willen«, stöhnte Mama, »natürlich nicht, du mußt sofort anfangen, es zu lernen.«
Sie rannte zum Metzger und holte drei Paar, für jeden eines zum Essen und insgesamt sechs für mich, um daran zu lernen, daß man mit der Gabel in der linken Hand zuerst in die Wurst sticht, um sie dann mit dem Messer, das man in der Rechten hält, aufzuschlitzen. Hierauf zieht man, während man die Wurst mit der Gabel gleichzeitig dreht und festhält, die Haut mit dem Messer ab.
Ich erlernte das Kunststück an den sechs Würsten nicht.
»Wir brauchen noch einmal welche«, sagte Anna.
»In Gottes Namen, eh sie uns blamiert«, stimmte Georg zu, und wir aßen auch am nächsten Tag Weißwürste.
Es ging besser, gut, schnell und sicher jedoch nicht. Ich kam nicht zurecht, ohne mit der Hand hinzugreifen. Also nochmal. Es funktionierte weniger als je zuvor. Die Würste hüpften davon, der Saft spritzte in hohem Bogen heraus, die Haut ließ sich nicht abziehen. Ich heulte, meine Eltern schimpften. Tags darauf fand die Einladung statt.
Wir wußten damals noch nicht, daß ich ein Premieren-Typ bin: beim Bürgermeister klappte es fabelhaft. Ich hantierte, als hätte ich mein Lebtag nichts anderes getan als Weißwürste in vollendeter Tischmanier zu essen.
Jeder bekam zwei Stück. Ich war froh, als ich sie drunten hatte. Essen war mir nach wie vor zuwider, vor allem mochte ich keine Weißwürste und schon gar nicht vier Tage hintereinander.
Der Bürgermeister hielt eine Rede und überreichte uns Bücher als Geschenk. Die Feier ging ihrem Ende zu. Da sagte plötzlich die Dame, die neben mir am Tisch saß, eine Stadträtin wahrscheinlich:

»Hier, liebes Kind, weil du gar so schön deine Würste gegessen hast und so dünn bist, nimm noch zwei« und legte mir, aus der erneut herumgereichten Terrine, ein weiteres Paar auf den Teller.
Ich ging zuhause nicht auf die neugierigen Fragen meiner Eltern ein, mir reichte es, ich war wütend:
»Wegen euch habe ich heute nochmal vier Weißwürste essen müssen. Ab jetzt schreibe ich meine Aufsätze selber.«

Zu dieser Zeit interessierte ich mich immer mehr fürs Ballett. Im Wohnzimmer einer unter dem Hitler-Regime frühzeitig pensionierten bzw. auf einen Büroberuf umgeschulten Ballerina hatte meine Ausbildung angefangen, hatte sich unter ihrer Obhut fortgesetzt in einem richtigen Studio, gekrönt von Aufführungen im Saal des Gesellenhauses, wo schon Mama und Papa Theater gespielt hatten.
Frau Spanner nähte aus bocksteifem, schwer aufzutreibendem rosa Tüll ein Ballettröckchen, und die Haidhauser sahen gerührt zu, wenn das Kinderballett zu den Klängen eines Plattenspielers, den man mit einer Kurbel aufzog, nach klassischen Paradestücken auf der Spitze herumtanzte. Gepackt von dem Wunsch, Tänzerin zu werden, wechselte ich in das respektable Studio einer jungen Ballettmeisterin über. Ich trainierte verbissen klassisches Ballett und Akrobatik und genoß es, mich mit einem Saus in den Spagat fallen zu lassen, Rad zu schlagen und die tollsten Überschläge auszuprobieren.
Papa bezahlte widerwillig für die Spinnerei und hätte mich lieber als Pianistin gesehen. Deshalb drang er auf den Wechsel der Klavierlehrerin, meldete mich im

Trapp'schen Konservatorium an und ließ mich die Prüfung vor Professor Zehelein machen, einem Riesen-Mannsbild, das Mama, die mich begleitete, einen gewaltigen Schrecken einjagte. Ich hatte auf dem Weg zur Prüfung gezittert – sobald ich am Klavier saß und »dran« war, schaltete sich der Premierenmechanismus ein und ich bestand.

Papa schrie nun erst recht:

»Die blöde Tanzerei muß aufhören! Mach lieber in der Schule beim Turnen anständig mit und bring keinen Vierer mehr nach Hause! Ich möchte wissen, wie du dazu kommst.«

Ich haßte die Turnstunde, haßte die Turnlehrerin und geriet vor jedem Gerät in panische Angst. Ich wagte mich nie auf die Leiter, schaffte es kein einziges Mal, über den Bock zu springen, hing wie ein bleierner Fisch an den Ringen, knickte beim bloßen Anblick des Barren in den Knöcheln um und lief beim Völkerballspielen vor dem Ball davon. Ich war die Niete der Schule.

Niemand verstand meine Angst, alle hänselten mich, es gab anscheinend kein Entrinnen. Bis plötzlich eine Zauberformel auftauchte. Sie hieß: Ich kann nicht.

Wenn ein Mädchen diesen Satz beim Abzählen, das ich auch haßte, sagte, durfte es tatenlos und unbehelligt die ganze grauenhafte Stunde gemütlich an der Wand sitzen. Ich hatte keine Ahnung, was es damit auf sich haben mochte. Aber ich dachte mir, das sollte ich auch mal ausprobieren, und zu Beginn der nächsten Turnstunde meldete ich: »Ich kann nicht.«

Die Turnlehrerin, die mich verständlicherweise nicht mochte, sah mich mißbilligend und zweifelnd an, nahm ihr Büchlein und kritzelte etwas hinein.

Für einen Moment fühlte ich mich unsicher. Allein der Gedanke, den Geräten zu entkommen, ließ mich den scharfen Blick der muskulösen Person gerade erwidern.
Die Mitschülerinnen fragten mich:
»Du auch? Schon? Du bist doch die jüngste von uns.«
Wenn ich nur gewußt hätte, wovon sie sprachen! Sie danach fragen, konnte ich nicht, also wandte ich mich an Mama: »Was bedeutet das eigentlich? Ein paar sagen jetzt immer vor der Turnstunde, sie könnten nicht, und dann brauchen sie nicht mitmachen?«
»Was, schon?«, sagte meine Mutter.
»Ja. Was haben denn die?«
»Das brauchst du noch nicht zu wissen, wenn es soweit ist, dann sag ich es dir.«
»Aber Mama . . .«
»Sei nicht so neugierig.«
Damit endete das Gespräch.
In der nächsten Turnstunde konnte ich nicht widerstehen, ich meldete:
»Ich kann nicht.«
»Immer noch nicht?« fragte das Fräulein. Sie trug wieder etwas in ihr Buch ein.
Als ich in der dritten Woche erneut vorbrachte, daß ich nicht könne, rief sie empört:
»Das gibt es nicht.«
»Irgendetwas mache ich falsch«, dachte ich, »wenn ich bloß wüßte was. Aber jetzt hab' ich's behauptet, jetzt muß ich weiter dran festhalten.«
»Doch«, beharrte ich also.
»Dann mußt du zum Arzt. Ich werde mit Fräulein Appel sprechen.«
Mir wurde siedend heiß.

Die Appel kannte meine Abneigung vor dem Turnen, sie billigte sie keineswegs. Außerdem hatte ich im Augenblick ohnehin Schwierigkeiten mit ihr, Papa hatte sie schwer verärgert. Doch glücklicherweise hatte die Meldung der Turnlehrerin, wenn sie sie überhaupt vortrug, keine Folgen für mich. Daß Fräulein Appel auf Papa nicht gut zu sprechen war, hatte folgenden Grund: Nachdem sie zu der Meinung gekommen war, ich sei zur Lehrerin geboren – und weil ich ihr alles glaubte, glaubte ich auch das, obwohl ich eigentlich lieber zum Theater wollte –, bat sie Mama zu sich und sagte ihr, daß diese mich in Pasing im Lehrerinnen-Seminar zur Aufnahmeprüfung anmelden solle. Man wechsle auf dieses nach der fünften Volksschulklasse. Auf dem langen, über einstündigen Weg mit der Straßenbahn quer durch die Stadt hinaus nach Pasing, den ich, falls ich die Ausbildung antreten würde, jeden Tag zweimal würde zurücklegen müssen, überlegte Anna, ob ihre kleine Tochter sich wirklich für den Beruf der Lehrerin eigne. Sie meldete mich trotz großer Zweifel im Seminar an und begleitete mich schließlich zur Aufnahmeprüfung, die ich auch bestand.

Wir wurden schriftlich davon benachrichtigt. Ich wollte mich gerade Träumereien über das wunderschöne spätere Dasein als Lehrerin hingeben, als Papa uns zeigte, wer der Herr im Hause war.

Beim Mittagessen hatte er den Brief mit der Erfolgsbotschaft gelesen, hatte ihn eingesteckt und war wieder weggefahren. Er kam spät am Abend zurück, später noch als sonst und sagte:

»Ich war am Nachmittag in diesem Lehrerinnen-Seminar. Daraus wird nichts. Ich hab' dich wieder abgemeldet.

Meint ihr, ich will, daß meine Tochter eine verschrobene alte Jungfer wird?«
Ich brach in Tränen aus, ein erregter Streit zwischen meinen Eltern folgte, zuletzt bezog ich eine Tracht Prügel und wurde auf mein Zimmer geschickt.
Ich warf mich aufs Bett und weinte und schrie und bemerkte auf einmal, wie mir innerlich immer leichter zu Mute wurde: Papa hatte das Theater gerettet.
Ich wischte die Tränen weg, zog die Spitzenschuhe an, schlich leise die Treppe hinunter, trat ins Wohnzimmer, rollte den Teppich auf und begann zu tanzen. Ich tanzte für meinen Vater – und der verstand, sofort, viel schneller als Mama, die erst nach und nach erkannte, daß Fräulein Appel eine Niederlage erlitten hatte und daß die außer Kontrolle geratene Balance zwischen uns wieder hergestellt war, wenn auch mit Gewalt.

Ein Hauch von Brachialgewalt lag in allem, was mein Vater tat, egal, ob es sich um wichtige oder weniger wichtige Dinge handelte.
Genau weiß ich es nicht mehr, aber lang nach der Währungsreform kann es nicht gewesen sein, als er eines Nachmittags mit einem Auto vorfuhr. Die Leute rissen bei dem ungewohnten Lärm die Fenster auf und streckten die Köpfe heraus. Auch wir, Mama und ich.
»Mich trifft der Schlag«, sagte sie, »jetzt hat er ein Auto gekauft.«
Georg entstieg stolz der viereckigen Karrosserie eines Opel P 4, Baujahr 1936. »Kommt schnell herunter«, rief er, »wir machen eine Probefahrt.«
»Was, jetzt, aber . . .«
»Jetzt, gleich, schnell«, rief Papa, nicht gewillt, zu war-

ten. Schnell war eines seiner Lieblingsworte. Alles was er tat, tat er schnell und wir – zwangsläufig – mit ihm.
»Zieht euch um, wir fahren irgendwohin zum Kaffeetrinken.«
»Und was ist mit dem Zimmer der Frau X., das du heute noch mustern sollst?«, wandte Anna ein.
»Die kann warten, ich mach' es ihr am Abend.«
»Das ist gesund! Arbeiten bis in die Nacht hinein! Und immer hetzen! Und für Frau X. sehr angenehm, wenn sie ewig dasitzt in dem Malerdreck.«
»Der hab' ich die Wohnung vor der Währungsreform für nichts gemacht, die soll froh sein, daß ich überhaupt komm.«

Was mein Vater wollte, setzte er durch. Jetzt wollte er das Auto ausprobieren. Er fuhr hinaus auf die Autobahn und war begeistert:
»Gut läuft er, wie ein Glöckerl!«
Er schaltete die Gänge, trat aufs Gas und betätigte die Bremsen, den Winker rechts und links, wobei jedesmal ein roter Pfeil vorn neben der Windschutzscheibe herausklappte. Er hupte und fuhr.
Die Autobahn lag frei vor uns, Autos, die uns überholten, hupten und winkten, viele waren es damals nicht.
Nach zehn Kilometern mußte ich aufs Klo, Mama nach fünfzehn, so ging es weiter. Wir fuhren und hielten und machten Pipi.
Dabei fand Papa bei Kilometerstein siebenunddreißig, vielleicht war es auch ein anderer, kaum zehn Schritte in den Wald hinein, einen Platz voller Steinpilze. Er sammelte sie, fuhr weiter und sang!
Unsere erste »kleine« Fahrt ging bis Reichenhall, neunzig

Kilometer hin und neunzig zurück, eine beträchtliche Strecke für den alten Wagen an einem einzigen Nachmittag.

Selbstverständlich hatte Papa das Auto in erster Linie fürs Geschäft gekauft. Werktags klappte er das Verdeck hoch, das über drei Metallstangen, die man entfernen konnte, gezogen war, stellte Leitern, Fässer und Kübel hinein und belud auch noch die Holzkiste, die an der Rückfront angebracht war als eine Art Kofferraum. Die Gesellen fuhren hinterher auf alten Fahrrädern mit kleinen Hilfsmotoren, die grauenvoll knatterten.

Nur höchst selten besaß jemand ein neues Auto, und ich hätte damit, daß wir überhaupt eines hatten, sehr zufrieden sein können, wenn nicht die Holzkiste gewesen wäre.

Meine Schulfreundin Paula, Nachfolgerin der inzwischen in die Hilfsschule übergewechselten Dora, mokierte sich über die Holzkiste. Ihr Vater, Lagerverwalter in einer Obst- und Gemüsegroßhandlung, fuhr einen nagelneuen Opel Olympia Rekord. Der verfügte natürlich über einen richtigen Kofferraum. Überhaupt, sagte Paula, der P 4, das sei gar kein Auto, ein Witz sei das, ein Witz mit einer Holzkiste hinten dran. Mein Vater sei eben nur ein Malermeister und zu nicht viel imstande, ihr Vater hingegen habe sich schon im Krieg hervorgetan, sei Oberleutnant gewesen und habe reihenweise Feinde umgebracht. Hatte der meine da etwas vorzuweisen?

Ich blieb die Antwort schuldig. Zu Hause fing ich an, an dem Auto und seiner Holzkiste herumzunörgeln.

»Wenn dir etwas nicht paßt«, sagte Papa, »brauchst du nicht mitfahren. Ich möchte wissen, was du für einen

Grund hast, unzufrieden zu sein. Wir haben ein Auto! Wer hat das schon? Und du stößt dich an einer Holzkiste!«
»Die Paula verlacht mich, sie sagt, ihr Vater habe es schon zu einem neuen Opel Rekord gebracht und außerdem im Krieg haufenweise Leute erschossen.«
»Und das imponiert dir?«
»Ja«, schluchzte ich.
»Damit du einen Grund hast zum Weinen, schmier ich dir jetzt zuerst einmal ein paar, die verdienst du, für deine Blödheit. Und wenn du ausgeheult hast, dann hör zu: Ich finde nicht, daß man sich damit brüsten soll, daß man Menschen erschossen hat, selbst nicht, wenn es im Krieg geschah. Ich habe nie jemanden erschossen und darüber bin ich froh. Es ist mir wurscht, worauf dieser Handler stolz ist. Nur auf eines braucht er nicht stolz zu sein: auf sein neues Auto. Ich hab' mir das meine ehrlich verdient, mit meiner Hände Arbeit und nicht mit schmutzigen Geschäften, und nicht damit, daß ich andere bescheiße und das seit Kriegsende, wie der. Das alles kannst du deiner sauberen Freundin zwar nicht sagen, aber merk dir's. Und sei dankbar für das, was wir haben.«
Ob ich dankbar war, weiß ich nicht. Genossen habe ich sie jedenfalls, unsere Wochenendausflüge. Jeden Samstag und Sonntag Morgen, je schöner der Tag zu werden versprach desto früher, drang der helle Tenor meines Vaters durchs Haus mit der Anfangszeile des Liedes:
»Erwacht ihr Schläferinnen, der Kuckuck hat geschrien.«
Es schrie zwar nie ein Kuckuck in der Jugendstraße, dafür roch es nach Kaffee, den Papa gekocht hatte und den wir eilig tranken, denn schon begann die stürmische Hetzjagd durchs Haus. Wir richteten her!

Da mußte als erstes der Spirituskocher in den P 4, ferner die Flasche mit dem Spiritus, unzählige Flaschen Wasser, eine Abspülschüssel, Teller, Tassen, Bestecke, die Kaffeekanne, die Milchflasche, Filterpapier, Töpfe, in denen sich das bereits vorgekochte Mittagessen befand, eine Pfanne nach Möglichkeit, das Tablett mit Kuchen, Brot, Salz, Rettich, Salat, Essig, Öl, Gewürze, Käse oder Wurst. Decken wurden eingeladen und Kissen, eine Unmenge Bücher, die zu lesen wir Wochen gebraucht hätten, die Farben für Papa, mindestens drei Aquarellblocks in verschiedenen Größen, Stiefel zum Wandern und bequeme Schuhe zum Wechseln, Badezeug und Handtücher, Jacken, Automützen und Regenschirme.
Mama kommandierte, Papa und ich trugen die Sachen herbei, rannten treppauf treppab, prallten oftmals um ein Haar zusammen, beluden das Auto, bis es überquoll, und taten all dies in so rasender Hast, daß man hätte meinen können, wenn wir schließlich abgekämpft auf unseren Plätzen saßen und der P 4 krachend aus der Jugendstraße in den Johannisplatz einbog, wir seien auf der Flucht.
Beim Start wußten wir niemals, wohin es gehen sollte. Nur soviel stand fest: nicht quer durch die Stadt, nicht in Richtung Starnberger- oder Ammersee. Mein Vater vertrat die Meinung, diese Gegend sei überlaufen. Unsere Kenntnis des bayerischen Alpen- und Alpenvorlandes war einseitig, der Westen Münchens bis hin zum Allgäu blieb uns fremd. Georg fuhr der aufgehenden Sonne entgegen, liebte vor allem die Seen, die großen wie den Chiemsee, aber auch kleine wie den Waginger-, den Seehamer-, den Simssee, die ganze Palette bis hin zum Kochel- und Walchensee. Bei Garmisch endete unser Oberbayern, Garmisch, voll von Amerikanern, haßte er.

Die Entscheidung, wohin gefahren wurde, hing von den verschiedensten Dingen ab, vor allem von der Laune meiner Eltern, aber auch vom »Motiv«. Papa brauchte ein Motiv. Die schönste Gegend war nichts, wenn sie nicht malerisch war. Hinzu kam, daß ich, nachdem ich schwimmen gelernt hatte, gerne baden wollte; Mama mußte unbedingt Beeren oder Schwammerl sammeln. Papa wollte all das eigentlich auch und möglichst noch eine lange Wanderung machen, auf der uns um Gottes Willen keine Leute begegnen durften. Sonst hätte es sich um eine überlaufene Gegend gehandelt, die wir in Zukunft hätten meiden müssen.
Rund und schön erschien uns ein Tag, wenn meinem Vater ein Aquarell gelungen war, leicht hingehaucht, zart, voller Licht und Luft. Aber wehe, wenn es mißlang! Dann tobte er Unzufriedenheit und Grant hemmungslos an uns aus, machte alles und jeden für das Scheitern verantwortlich. Es konnte am Licht gelegen haben, das zu rasch gewechselt, an dem Platz, auf dem er gesessen und der zu wenig Schatten geboten hatte, so daß die Farben zu schnell getrocknet waren, es konnte allerdings – und das geschah häufig – auch an uns gelegen haben, daran, daß wir ihn hetzten. Papa fühlte sich selbst dann von uns gehetzt, wenn wir stundenlang im Wald herumirrten, weit weg von ihm. –
Derartiges Verhalten steckt an. Anna ihrerseits konnte niemals etwas dafür, wenn ihr ein Kuchen mißlang, wenn sie Geschirr kaputtwarf, wenn ihr sonst ein Mißgeschick passierte. Die Schuld daran trugen Papa und ich. Wenn wir uns zu Hause aufhielten, war die Schuld offensichtlich, und wenn wir nicht da waren, dann hatten sie Gedanken an uns gestört, hatte sie sich über etwas im Zu-

sammenhang mit uns ärgern müssen. Kurzum, meine Eltern traf keine Schuld, wenn ihnen etwas mißlang.

Und wenn alles gut ging – verdankte man es dem lieben Gott.

Dem wurde auch die Verantwortung für das Auto aufgebürdet. Es beförderte uns wacker über die noch teilweise zerstörte Autobahn in Richtung Salzburg, über Landsträßchen und Makadamwege und über die Queralpenstraße bis hinauf zu den Gebirgspässen, nicht ohne daß Anna sich vor jeder Steigung zu mir nach hinten umwandte mit der Aufforderung:

»Bet' ein Vaterunser.«

Ich wußte mit der Zeit, daß zwei Vaterunser für den Gmundner Berg am Tegernsee genügten, fünf jedoch nötig waren, um den Irschenberg zu erklimmen.

»Ein Auto«, sagte Georg, »ist so gut wie sein Fahrer, und ob einer fahren kann, zeigt sich am Berg.«

Es kam darauf an, daß Papa einen Berg richtig anfahren konnte. Kam eine Steigung in Sicht, trat er mit voller Kraft auf den Gashebel und raste in einem – für unsere Begriffe mörderischen Tempo – auf den Berg zu.

»Schorschi, um Gottes willen«, schrie Mama durch den Lärm hindurch, den das Vehikel machte.

Papa winkte ärgerlich mit der Hand ab, ging es doch darum, die größte Strecke des Berges im dritten Gang zu schaffen. Wehe, wenn plötzlich vor uns ein »Kriecher« auftauchte und dem P 4 den Schwung nahm, Georg zwang, abzubremsen und auf den zweiten, möglicherweise sogar ersten Gang zurückzuschalten! Im Schnekkentempo, schrittweise und mühsam schoben wir uns aufwärts, während der Kriecher vielleicht imstande war, mitten auf dem Berg »anzuziehen«, und unseren Blicken entschwand. Waren wir endlich oben angekommen, fauchte und spuckte es unter der Motorhaube. Georg fuhr an den Straßenrand, hielt an, sprang aus dem Auto und hob die beiden Teile der Motorhaube wie Flügel links und rechts hoch. Dampf hüllte Papa ein, das Kühlerwasser kochte, wir mußten warten, ob »er sich wieder derfangt«.

Berge hielten nicht nur für den Opel Probleme bereit, auch für mich. Früher, als autoloses Kind, hatte ich sie vom Isartal aus von weitem gesehen. Nun sollte ich hinaufsteigen.

»Morgen«, verkündete mein Vater eines Tages, »machen wir eine Bergtour.«

»Mir ist nicht recht gut, Schorschi, ich glaube, ich bleibe zu Hause«, warf Anna ein.

»Du wirst doch nicht krank sein?«

Papa haßte es, wenn Anna krank war! Und länger als zwei Tage getraute sie sich auch bei einer schlimmen Grippe nicht im Bett zu bleiben. Sie kannte ihren Mann und in gewisser Weise fürchtete sie ihn.

Ich erinnere mich gut an jenen Zug aus Opferbereitschaft und Selbstmitleid um seinen Mund, wenn er am Morgen in mein Zimmer kam, um mir mitzuteilen, daß Mama krank sei, wir uns um sie kümmern müßten, sie nicht stören dürften und uns selbst zu versorgen hätten. Am ersten Tag ging es ganz gut, am zweiten wichen Friede und Freude an Kochen und Hausarbeit, wir verstrickten uns in kleine Zänkereien, Papa meinte, es sei an der Zeit, daß Anna gesund würde, und wenn wir dann restlos zerstritten und aus dem Rhythmus gekommen waren, erschien Papa nahezu stündlich an Annas Bett, um sich nach ihrem Gesundheitszustand zu erkundigen. Da stand

sie trotz Fieber und Mattigkeit auf, um unsere aus den Fugen gegangene Welt wieder in Ordnung zu bringen.
»Wenn du krank bist«, sagte also Papa, »fahren wir nicht, da bleiben wir zu Hause und pflegen dich.«
»Nein, nein, so schlimm ist es nicht, fahrt nur, ich erhole mich am besten allein.«
»Vielleicht geht es dir morgen besser. Schau, Annerl, wir machen ja bloß einen ganz kleinen Berg, bloß den Roß- und Buchstein, hab' ich mir gedacht. Geh' halt mit.«
Mama sank augenblicklich in ihrem Stuhl zusammen und murmelte etwas von heftigem Unwohlsein.
Am nächsten Morgen zog sie mir dicke Socken an und Schnürstiefel. Papa kramte seine alten Bergschuhe von vor dem Krieg heraus und besah sich skeptisch die glatten Sohlen meiner Schuhe.
»Was für Schuhe hast du denn sonst noch?«
»Sandalen und Halbschuhe.«
»Sonst nichts?«
»Nein.«
»Wovon?«, fragte Anna angriffslustig, »Schuhe sind teuer.«
»Fahren wir«, sagte mein Vater.
»Schorschi«, Mamas Stimme klang eigenartig flehentlich, »denk daran, es ist ihr erster Berg, sie ist klein und zart.«
»Ja, ja, Schluß damit, genug getrödelt, wir müssen uns beeilen, der Morgen ist am schönsten im Gebirge.«
Wir fuhren über die Autobahn an den Tegernsee und diesen entlang, bogen auf eine schmale Straße und hielten plötzlich und unvermittelt an.
»Da«, sagte mein Vater, »müßt' jetzt der Berg sein.«
Da war eigentlich nichts, ein Wald stieg steil neben der Straße an.

Papa nahm den Rucksack auf den Buckel, verschloß das Auto und rief:
»Pack' ma's!«
»Wo ist der Weg?« fragte ich schüchtern.
»Weg? Ja, wozu brauchen wir denn einen Weg?«
Wir stiegen in den Wald hinein und geradeaus hinauf. Papa ging voran. Ich schwitzte und stolperte, machte drei Schritte und rutschte zwei zurück, versuchte Schritt zu halten und heftete den Blick auf die festen Waden meines Vaters vor mir.
»Papa, mir ist schlecht.«
»Mach keinen Krampf, in so einer guten Luft kann einem nicht schlecht werden. Schnauf kräftig!«
Wir stiegen weiter.
»Papa, ich glaube, ich muß brechen.«
»Unsinn, du hast nichts gegessen, was Übelkeit verursachen könnte.«
Aber ich erbrach mich, insgesamt dreimal, bis wir endlich auf einer sanften Almwiese ankamen.
»Da, setz dich hin und wart' bis ich zurückkomme«, sagte Georg, »ich steig noch schnell ganz hinauf.«
Er deutete auf zwei Felsen, die weiter drüben aufragten, von denen der eine der Roß- und der andere der Buchstein war.
Es dauerte lange, bis er wiederkam. Ich weinte ein bißchen. Leute gingen vorbei, sahen mich neugierig an, sprachen mit mir. Ich erfuhr, daß es einen sehr bequemen, breiten Pfad, der gar nicht steil sei, herauf auf den Berg gäbe. Wir nahmen ihn nicht für den Rückweg, sondern stiegen auf die gleiche Weise, wie wir heraufgekommen waren, ab. Mit meinen glatten Sohlen rutschte und fiel ich mehr, als ich ging.

Papa erklärte zu Hause, was für ein G'scher er mit mir gehabt und wie dumm ich mich angestellt hätte. Meine Mutter schwieg. Sie erzählte mir erst, als wir allein waren, von vielen ähnlichen und schlimmeren Erfahrungen, die sie mit ihm gemacht hatte.

»Einmal, lange bevor wir geheiratet haben, verbrachten wir ein Wochenende in Lenggries. Wir wohnten bei der Familie Schrefel, auf der Hauptstraße. Die Leute haben sich nicht mehr an uns erinnert, als wir dort evakuiert waren. Aber das macht nichts. Damals haben sie uns beherbergt. Und Mut bewiesen! Es war nicht erlaubt, einem unverheirateten Pärchen ein Doppelzimmer zu vermieten.

Am Sonntag in der Früh meinte dein Vater, wir könnten vor dem Frühstück ein bisserl spazierengehen, bis der Kaffee fertig wäre. Ich trug mein Dirndl und Sandalen und er ein Hemd und die kurze Lederhose. In der Hosentasche hatte er den Zimmerschlüssel, sonst nichts. Und so kletterten wir auf die Benediktenwand und die Drei Achselköpfe, wo uns ein Gewitter überraschte und wir uns so verstiegen, daß wir weder vor noch zurück konnten. Wo immer wir hinzutreten versuchten, rutschten wir ab. Der Regen fiel vom Himmel, als schütteten sie das Wasser mit Wasch-Schaffeln herunter, die Blitze zuckten und unheimlich klang der Donner und sein vielfaches Echo von den Felswänden. Dunkel war es geworden, hungrig fühlten wir uns und zerschlagen. Es dauerte lange, bis wir wieder sicher standen, und lange brauchten wir für den Abstieg. In der Nacht erst kamen wir ins Dorf zurück.«

»Und obwohl du das alles gewußt hast, hast du mich mitgehen lassen?«

»Ja. Was hätt' ich machen können? Wenn er sich etwas einbildet!«
Mama zuckte hilflos die Achseln.

Papa, tief enttäuscht von Frau und Tochter, unternahm ab jetzt seine Bergtouren allein. Wir machten uns inzwischen zu Hause einen sehr gemütlichen Tag.

Pubertät

Die fünfziger Jahre wurden in unserem Haus damit eingeläutet, daß die Spannerin feststellte, sie sei zu dick. Hatte sie in der Zeit der Lebensmittelmarken niemals genug Brot, Kartoffeln, Zucker und dergleichen in sich hineinstopfen können, so erweckten beginnender Wohlstand und die ersten Modejournale, angefüllt mit Modellen des New Look, in ihr den Wunsch nach Entfettung. Von Zeitungen gesteuerte Schlankheitskuren gab es nicht, nichts wußte man von einer Null-Diät. Da mußte schon jeder selber sehen, wie er die überflüssigen Pfunde herunterbrachte.

Die Methoden der Spannerin, seltsam und einzigartig zugleich, wirkten sich für sie günstig und für uns verheerend aus.

Mochte mein Vater auch mehr und mehr Kraft, Anstrengung und Zeit für seinen Betrieb aufzuwenden haben, nahmen mich auch Schule, Klavierspielen und Ballettunterricht immer heftiger in Anspruch, so blieb doch das Haus unser Zuhause, der Nabel unserer Welt. Und alles, was einem von uns geschah, bewegte gleichermaßen die anderen; keiner wollte allein lachen und keiner durfte allein traurig sein; es gab keinen Streit, an dem nicht alle drei sich beteiligten, und keinen Angriff von außen, gegen den wir nicht gemeinsam Front machten.

Nun also mußte Mama verteidigt werden gegen Frau

Spanner, gegen ihre Schlankheitskuren. Georg und ich verfügten über einen gesunden Schlaf und hörten die akustischen Begleiterscheinungen der Kuren in der Nacht nicht. Erst beim Frühstück erfuhren wir von Anna, daß die Spannerin die ganze Nacht gestöhnt habe. Auf- und abschwellende Schmerzenslaute, leises Wimmern, lautes Heulen und dazwischen ein kläglich langgezogenes »Frau Wilhelm« drangen, solange sie im zweiten Stock wohnte, von oben nach unten durch die Zimmerdecken und später, als wir sie ins Parterre umquartiert hatten, in umgekehrter Richtung, nächtens an Mamas Ohr.

»Was wird sie bloß wieder haben?«

»Nichts, das übliche, laß sie schreien, sie hört schon auf«, sagte mein Vater.

»Nein, ich muß zu ihr. Die plärrt weiter, und dann hören es die Leute und richten mich aus.«

»Und wenn?«

»Du redest dich leicht! Am Ende fehlt ihr wirklich etwas.«

Um diese ängstliche Erwägung wußte die Spannerin, darauf baute sie.

Natürlich ließ Mama alles liegen und stehen und lief ans Bett der Untermieterin. Etwas Genaueres erfuhr sie da nicht, hörte aus Wehklage und Weinen nur heraus, daß der Bankdirektor angerufen werden mußte, daß sie mindestens eine Woche nicht zur Arbeit kommen könne, daß sie nichts essen wolle, höchstens Zitronen, am besten gleich fünfzehn und daß der Arzt kommen müsse.

Mama telefonierte, holte den Doktor, lief zum Einkaufen, drückte Zitronen aus, deren Saft die Spannerin trank – das kommentierte mein Vater mit der Bemerkung, das Weib müsse einen Magen haben wie ein Roß – legte ihr kalte Wickel um den Bauch, der angeblich angeschwollen war, besorgte Medikamente aus der Apotheke und verbrachte die Nächte am Bett der Schwerkranken. Nach acht Tagen erhob sich die Spannerin, gesund und munter, und nähte ihre Röcke enger.

Manchmal gestaltete sich der Verlauf der Sache dramatischer, dann nämlich, wenn die Untermieterin vorgab, eine Venenentzündung zu haben, und eilig in ein Krankenhaus gebracht werden wollte. Papa hegte den Verdacht, sie habe sich die Verletzung am Bein mit einer Nadel selbst beigebracht, habe »rumgestochert«, schwor, das Weib bei nächster Gelegenheit umzubringen, und beschimpfte Anna, die sich aufmachte, für die Schwerkranke ein Klinikbett zu ergattern. Telefonisch konnte sie nichts ausrichten, der Hausarzt sprach von überfüllten Krankenhäusern und zeigte sich wenig hilfsbereit. Es blieb nichts andres übrig, als von Krankenhaus zu Krankenhaus zu eilen und an den Aufnahmen um ein Bett zu betteln. Mama sah bei derlei Bittgängen so mitgenommen aus, hatte sie doch meist schon drei oder vier durchwachte Nächte hinter sich, daß sich schließlich immer jemand ihrer erbarmte und ihr einen Einweisungsschein für die Untermieterin ausstellte. Nun fehlte noch der Sanitätswagen. Die Spannerin ließ sich jedesmal auf einer Bahre aus dem Haus tragen. Leute standen herum und gafften und fanden viele mitleidige Worte für die schwer geprüfte Frau, die so allein sei und um die sich gewiß niemand kümmerte.

»Die Spannerin muß raus«, konstatierte Papa.

Es gab einen Weg: wir mußten eine andere Bleibe für sie finden, eine gleichwertige, gleich billige. Aber wie? Bei der Wohnungsnot! Die Sache schien unlösbar, bis der

Zufall uns zu Hilfe kam und der Himmel ein Einsehen zeigte.

Die häßliche Juliane von gegenüber hatte vor geraumer Zeit einen der Billies, Johnnies oder Jimmies geheiratet und war mit ihm, sehr zur Erleichterung ihrer Mutter, die trotzdem weinte, abgedampft nach Amerika. Die Liaison der Mutter mit dem Mühlenbesitzer fand ein Ende, weil Mehl seinen Wert als Tauschobjekt verlor. Ein schöner, stiller, dunkelhaariger Mann zog bei der Witwe ein. Er erhielt Besuch von Männern, ihm ganz ähnlich. Es waren russische Emigranten aus den südöstlichen Provinzen der UdSSR, aus Aserbeidschan zumeist, Journalisten, Schriftsteller, Wissenschaftler, alle Mohammedaner. Bald zwängte sich noch einer von ihnen zum Wohnen in die enge Behausung, der Älteste aus dem Kreis, ein grundgütiger, warmherziger Mann, ein Mathematiker, der schließlich an der Ludwig-Maximilians-Universität eine Gast-Dozentur erhielt und den die Leute aus der Jugendstraße kurz »den Professor« nannten.

Wenn ich am Morgen in die Schule ging, stand er vor der Sakristei der Johanniskirche, das Gesicht der Jugendstraße zugewandt, geradewegs nach Osten, still und versunken, betend. Ich sah es und wußte, daß ich ihn nicht grüßen, nicht stören durfte. – Mit den Russen zogen scharfe Schnäpse und türkischer Honig, Politik und Lyrik und fremde, schöne, wilde Sprachen in die Jugendstraße, in die Wohnung der Witwe, zu der ich nach wie vor auf Besuch kommen durfte. Die dunkelhaarigen, melancholischen Männer mit den brennenden Augen behandelten mich nicht plump vertraulich wie die Amerikaner, sondern – obgleich meine ungelenke Kindlichkeit gar keinen Anlaß dazu gab – mit der gleichen formvollendeten Höflichkeit, die ihnen für jede erwachsene Frau, egal welchen Standes sie sein mochte, zu Gebote stand. Natürlich liebte ich die Fremden, die die Leute »die Russen« nannten.

Sie arbeiteten in einem von den Amerikanern unterhaltenen Institut zur Erforschung der UdSSR oder im Radio Freies Europa. Ich erlernte die ersten russischen Worte, feierte, ohne den Sinn zu begreifen, die wilden Freßorgien des Ramadam mit, beobachtete die Männer neugierig, wenn sie still und andächtig bei uns unter dem brennenden Christbaum saßen und geduldig zuhörten, wie wir ihnen bayerische und deutsche Weihnachtslieder vorsangen.

Ja, einmal fuhren sie sogar mit der Witwe, die mich als eine Art Vorwand oder Entschuldigung mitnahm, da ich katholisch, sie hingegen evangelisch war, nach Altötting, zum Wallfahren.

Der Tag, den wir für das Unternehmen ausgesucht hatten, war ein trister, naßkalter November-Sonntag, die Straßen gefährlich glatt und tief vom Nebel verhangen. Der Mann am Steuer, kein guter, schon gar kein mutiger Fahrer, lenkte zitternd den VW durch das bayerische und niederbayerische Hügelland, während die evangelische Witwe auf dem Rücksitz den katholischen Rosenkranz betete. Am Wallfahrtsort angekommen, der einen gottverlassenen Eindruck machte, ging ich mit ihr in die Gnadenkapelle, hin vor die schwarze Madonna, besichtigte die Herzen der Bayerischen Könige in ihren Gläsern, gruselte mich ein wenig und flüchtete dann zu den Männern ins Wirtshaus, die sich dort mit vielen Schnäpsen von der Anstrengung erholten.

Durch die Fenster der Gaststube konnte man auf die

Kapelle sehen und zuschauen, wie die Büßer große und kleine Kreuze um das Kirchlein, das ein sogenannter Kreuzgang umgab, herumschleppten. Da liefen kräftige Mordstrümmer Mannsbilder mit ganz kleinen Kreuzlein über der Schulter und dürre, alte Weiber, gerade halb so hoch, die sich die allergrößten aufgeladen hatten. Die Witwe ging mit einem, ihrer Statur angemessenen, würdig dreimal um die Kapelle. Als sie genug gebetet und gesühnt hatte, kam sie zu uns an den Tisch. Wir waren nicht betrunken, aber nüchtern auch nicht mehr. Ein kräftiges Mittagessen besserte unseren Zustand soweit, daß wir uns imstande fühlten, die Heimfahrt anzutreten. Die Straßen hatten sich mittlerweile in Eisbahnen verwandelt, und vom Himmel fiel der erste Schnee. Nichtsdestoweniger schafften wir die Strecke in der halben Zeit als bei der Hinreise, in einem rasanten Tempo und ohne Unfall; Wallfahrer besitzen halt einen besonderen Schutzengel.

Gerade um ihrer Güte und Toleranz willen schätzten meine Eltern die Russen. Papa versprach, ihnen zu helfen, als sie sich an ihn mit der Bitte wandten, ihnen bei der Suche nach einer größeren Wohnung behilflich zu sein. Ein Maler kommt viel herum, hört viel, erfährt viel. Und vielleicht gelänge es auch gleich, die Spannerin in die frei gewordene Wohnung der Witwe hinüber zu verpflanzen. Das Experiment glückte! Große und alte Wohnungen wurden in Haidhausen ab und zu frei, weil die Leute in einen Neubau umzogen, weil sie sich draußen auf dem Land ein Eigenheim bauten. Die Russen verließen die Jugendstraße, die Spannerin unser Haus. Erleichtert atmeten wir auf. Ruhe und Frieden würden nun bei

uns einziehen – meinten wir. Wir hatten nicht mit Papas Bauwut gerechnet.
Es machte ihm einfach Spaß, Wände herauszureißen, Zimmer zu vergrößern, Türen in Torbogen und, wenn sich das als wenig sinnvoll erwies, wieder zurückzuverwandeln. Schließlich setzte er unter das ganze Haus Eisenträger, so daß es in der Luft stand, um einen größeren Keller unters Erdgeschoß zu schieben.
»Schorschi«, schrie Anna, »bist du wahnsinnig! Die Mauern werden zusammenkrachen! Ich sowieso!«
Mama wehrte sich so gut es ging – vergebens.
»Ich möchte wissen, was ich vom Leben habe? Nichts als Dreck und Aufregungen! Wer hilft mir denn? Du bist ja nie da! Ich mache das nicht mehr mit, ich gehe!«
Sie blieb und tobte, und mein Vater verließ nach wie vor kurz vor sieben Uhr das Haus, kam schnell am Vormittag zur Brotzeit vorbei, erschien irgendwann zum Mittagessen, niemals zu der Zeit, die er angegeben hatte, entweder zu früh, meist jedoch zu spät, wenn alles verbruzzelt war, aß eilig, telefonierte, bestand darauf, noch Kaffee zu trinken und ein Stück Kuchen zu essen, wurde, da er ein Auto besaß, von den Nonnen von nebenan gebeten, sie schnell irgendwohin zu fahren, tat es, sehr zum Ärger Annas auch, verspätete sich deshalb bei seiner Arbeit am Nachmittag, geriet in Verzug und kam erst nach Hause, wenn es längst dunkel war. Da ließ er dann den angesammelten, aufgestauten Grant über Gesellen und Kunden, zu denen er immer zuvorkommend und ausnehmend höflich war, an uns aus. Der Run nach dem Geld jagte die Gemütlichkeit aus dem Haus. Es gab keine Feste mehr, kein mitternächtliches Kaffeetrinken, kaum Gäste. Übrig blieben – zum Glück – die Theaterbesuche. Mama lief

allein oder zusammen mit mir voraus in die Vorstellung, mein Vater erreichte seinen Platz erst mit dem letzten Klingelzeichen und verschlief nicht selten vor Erschöpfung den ersten Akt. Wir weckten ihn, wenn er anfing, laut zu schnarchen.

Anna machte sich Sorgen um ihn, schimpfte, sagte, die ewige Hetzerei resultiere daraus, daß er seine Zeit nicht richtig einteile. Sie stritten hin und her, und alles blieb beim alten, jedes Jahr zwischen März und Oktober.

Im Winter trat scheinbar Ruhe ein, eine Ruhe, die an den Nerven gleichermaßen wie an den Finanzen zerrte. Gute Facharbeiter gab es damals so wenig wie heute. Die paar, die man hatte, mußte man halten, um jeden Preis. Papa ging die Nonnen um kleine Aufträge an – in den weitläufigen Gebäuden gab es immer etwas zu streichen – und war froh um jeden mutigen Kunden, der in der kalten Jahreszeit den Maler kommen ließ. Trotzdem reichte die Arbeit bei weitem nicht aus, um alle Gesellen zu beschäftigen. Jeder von ihnen ließ sich ein paar Wochen krank schreiben, die Ärzte hatten ein Einsehen. In der übrigen Zeit zahlten wir die Löhne und sahen zu, wie die Ersparnisse des Sommers schrumpften.

Unseren langsam sich hebenden Lebensstandard schränkten wir deshalb jedoch nicht ein. Mein Vater pendelte auf eine kuriose Weise zwischen Sparsamkeit, die bis zum Geiz ausarten konnte, und einem überschwenglichen Bedürfnis »sich etwas zu gönnen«, hin und her. Major Thuman verriet ihm die Adresse eines Weingutes in der Pfalz. Der neue Keller füllte sich mit Regalen und diese wiederum mit Flaschen. Jeden Abend, wenn Mama und ich längst ins Bett gegangen waren, trank er Glas um Glas eine davon leer, träumend, genießend, vor sich hinsinnierend, leider auch Kostenvoranschläge und Rechnungen dabei ausarbeitend. Am anderen Morgen, beim Übertragen der Entwürfe in die Schreibmaschine, stellte Anna fest, daß er alles falsch addiert, subtrahiert und multipliziert hatte.

Papa trank nie Bier, fand keinen Gefallen daran, in Wirtschaften herumzusitzen, widmete sich einem guten Tropfen am liebsten allein und zu Hause und ließ nur selten jemanden an diesem Vergnügen teilhaben. In einem Kunstmaler aus dem Chiemgau fand er einen Freund und Zechkumpan. Er hatte ihn kennengelernt, als sie gemeinsam den Auftrag erhielten, die Prospekte für die Krippen im Bayerischen Nationalmuseum, die dort jedes Jahr um Weihnachten herum ausgestellt werden, zu malen. Der Chiemgauer, ein leicht verwachsener, kleiner, jedoch breitschultriger Mann, mit »einem herrlichen Kopf« – wie Georg hingerissen meinte –, war schwerhörig, beinahe taub und sprach nicht viel. Sein Gesicht war beredt genug, seine großen, schönen Augen drückten aus, was ihm auf dem Herzen lag. Im übrigen teilte er sich mit durch die Malerei, galt als ausgezeichneter Porträtist, schuf Kreuzwege, malte draußen im Chiemgau Kirchen aus und wurde beherrscht und getragen von einer tiefen Frömmigkeit.
Als er den Hintergrund für die Krippe auch in der Johanniskirche malte, beobachteten ihn Mama und ich, wie er sich jedesmal, wenn er von der linken Seite der Kirche, auf der die Krippenkapelle lag, hinüberwechselte auf die rechte, zur Taufkapelle, in der er seine Farben lagerte, in der Kirchenmitte gerade vor dem Hochaltar schwer in die Knie fallen ließ, den Kopf neigte und sich ächzend, aber

sichtlich im Einklang mit Gott und der Welt wieder erhob.
Er verbrachte viele Abende bei uns und saß, wenn Mama und ich das Wohnzimmer lange schon verlassen hatten und nach oben ins Bett gegangen waren, bis weit über Mitternacht zusammen mit meinem Vater. Man hörte nicht einen Laut heraufdringen. Es blieb auch, wenn man neugierig über die Treppe hinunterschlich, um zu lauschen, still hinter der Türe. Fragte man Papa am nächsten Morgen, wie es gewesen sei, antwortete er:
»Schön, sehr schön, man unterhält sich gut mit dem Bartl.«
In der Küche standen zwei leere Flaschen.

Die allgemeine Veränderung unseres Lebens änderte auch den Stil unserer Ausflüge, der Spirituskocher blieb mehr und mehr zu Hause, wir kehrten ein! Meine Eltern sammelten Wirtshäuser – zu dem Wort Restaurant verstieg sich damals kaum ein bayerisches Lokal –, wie andere Leute Postkarten. Noch hielt man etwas auf gute, landesübliche Küche, schämte sich nicht, nur sechs oder sieben Gerichte auf der Karte zu haben und huldigte keinesfalls dem Unsinn, ein gutes Schnitzel mittels einer Banane zu einem exotischen Gericht umfunktionieren zu wollen.
Mir bedeutete Essen nach wie vor nichts. Ich besuchte mittlerweile die siebte Volksschulklasse, zählte zwölf Jahre und sorgte weiter für regelmäßigen Ärger bei Tisch.

Es muß an einem Tag im Frühsommer hinten in der Jachenau gewesen sein, daß Papa mich, weil ich endlos in einem Gulasch herumstocherte, wütend vom Tisch, der auf einer sonnigen Terrasse stand, wegriß, hinters Haus zerrte und dort windelweich prügelte. Dabei schwor er mir und sich, etwas zu unternehmen, so könne es mit mir nicht weitergehen.

Im Herbst würde ich in die Mittelschule kommen, mich höheren Anforderungen ausgesetzt sehen, dazu täglich zwei Stunden Klavier üben und – weil ich es mir nicht ausreden ließ – ins Ballett gehen. Wie sollte ich das alles bei dem bißchen, das ich zu mir nahm, schaffen? Ich mußte dazu gebracht werden, mehr zu essen.

»Sie ist ein Einzelkind«, sagten die Leute, »zusammen mit anderen würde sie es schon lernen.«

In der Jachenau hinten kam meinem Vater endlich die rettende Idee:

»Wir stecken dich in den Ferien in ein Kinderheim.«

Mama schrieb herum, alle Kinderheime schickten Absagen, alle waren ausgebucht. Ich strahlte. Es graute mir davor, erstmals von zu Hause weg zu müssen, allein, für mehrere Wochen, unter lauter fremde Kinder. Leider traf eines Tages das Schreiben der Baronin Rendopp aus Prien am Chiemsee ein. Wenn meine Eltern binnen zwei Tagen zusagten, könne sie mich den ganzen August nehmen. Fünf Mark am Tag kostete die Vollpension – im Jahre 1952.

Bangen Herzens, weinend, saß ich auf dem Rücksitz des P4 auf der Fahrt an den Chiemsee, neben mir einen kleinen Koffer und die vorgeschriebene Wolldecke, und betete aus Protest kein Vaterunser, während wir den Irschenberg erklommen. Der liebe Gott half dem Auto trotzdem hinauf und ließ es auch im weiteren Verlauf der Strecke nicht kaputt gehen.

In einem langgestreckten, einfach möblierten Haus inmitten weitläufiger Wiesen voller Obstbäume, mit einem

Holzhäuschen irgendwo dazwischen und Stallungen an einem Ende des Gartens, übergaben mich meine Eltern, wie einen Fall, der Baronin. Die freundliche Frau nahm mich in Empfang, sah mitleidig auf meine dürre Gestalt und meinte aufmunternd:
»Sie müssen sich keine Sorgen machen. Es wird ihr bei uns gefallen.«
Papa redete etwas vom Essen daher.
Die Baronin lachte und sagte: »Sie wird schon satt werden, zum Frühstück – zum Beispiel – erhalten die Kinder zwei Semmeln und Brot, soviel sie wollen, manche essen fünf Scheiben.«
Mein Vater, kein großer Redner vor dem Herrn, versuchte mühsam, meine Schwierigkeiten zu erklären, verhedderte sich, kam ins Stottern.
Die Baronin beäugte mich mißtrauisch. Problemkinder schätzte sie nicht!
Rasch griff Anna, die befürchtete, man würde mich ihr vielleicht gar wieder mitgeben, ein und stellte die Sache klar: »Unsere Kleine ist ein liebes Kind – sie ißt nur nicht.«
»Ach so«, lachte die Baronin, »wenn es das ist, das werden wir schon kriegen. – Also«, wandte sie sich an mich, »sag' deinen Eltern auf Wiedersehen. Ich zeige dir, wo du wohnst.«
Sie ließ mir nicht viel Zeit für Tränen, nahm mich bei der Hand, führte mich zu dem Holzhäuschen, erklärte mir, daß darin die größeren Mädchen wohnten, die ein Wohn- und ein Schlafzimmer zu sechst teilen müßten, sagte, ich solle nicht erschrecken, wenn morgens um vier der Esel, der an der Rückseite angepflockt werde, schreie, und überließ mich meinem Schicksal.

Ich gewöhnte mich schnell ein. Zurückdenkend erinnere ich mich an ein Knäuel Kinder jeglichen Alters, an den Duft von Wiesen und Obstbäumen, an das Geschrei des Esels, ans Baden im See, an die abendlich rot leuchtenden Felsen der Kampenwand, die man von unserem Holzhäuschen aus sehen konnte, an versponnene, geheimnisvolle Mädchengespräche, an nächtliches Geflüster von Bett zu Bett.
Als meine Eltern mich nach vier Wochen abholten, verheulte ich die Fahrt in umgekehrter Richtung.
Wir trafen spät am Abend zu Hause ein. Am nächsten Morgen verließ Papa, wie üblich, das Haus vor sieben Uhr. Mama mußte sehr früh auf irgendeinem Amt sein, ließ mich schlafen und legte einen Zettel hin, auf dem stand, ich solle frühstücken und, wenn sie bis dahin nicht zurück wäre, mir zum Mittagessen die vorgekochten Paprikaschoten aufwärmen. Ich tat, wie mir anempfohlen, frühstückte zwei Semmeln und fünf Stück Brot und aß die sechs mit Reis und Schwammerl gefüllten Paprikaschoten zum Mittagessen. Als meine Eltern gegen zwei Uhr müde und hungrig heimkamen und den Topf leer fanden, wußten sie nicht, ob sie lachen oder weinen sollten. Es stand jedenfalls fest, daß es ab sofort ein Problem weniger in der Jugendstraße und niemals wieder Prügel bei Tisch geben würde.
Ab und zu entrang sich einer elterlichen Brust der Seufzer: »Mein Gott, Kind, iß doch nicht gar so viel.«
Dicker bin ich vom Essen nicht geworden, widerstandsfähiger auch nicht, Mandelentzündung hatte ich nach wie vor zweimal jährlich.
Ins Kinderheim an den Chiemsee durfte ich in den großen Ferien fahren, bis ich aus der Schule kam.

Trotz einer gewissen Scheu und Ängstlichkeit vor allem Neuen wechselte ich gerne in die höhere Schule über. Die letzte Klasse der Volksschule hatte mich erstmals die Erfahrung machen lassen, täglich mit jemandem konfrontiert zu sein, der mich ablehnte. Es handelte sich dabei um ein Fräulein Maier, eine ältere, vierschrötige, laute Person, die uns im siebten Schuljahr unterrichtete.
Ihre feindselige Haltung mir gegenüber, die kleinen Sticheleien, das raffinierte Abwerten meiner Person und meiner Leistungen machten mir schwer zu schaffen. Aber ich setzte mich vehement zur Wehr. Diese Erlebnisse stellten eine gute Vorbereitung für später dar, denn Menschen dieser Art, Frauen zumeist, sollten mir, in Abständen, ein Leben lang begegnen. Wie bald zum zweiten Mal, wußte ich damals nicht.
Die Schule der Englischen Fräulein in Berg am Laim galt als private, staatlich anerkannte Mädchen-Mittelschule, die Eltern mußten Schulgeld bezahlen, den Begriff Realschule gab es nicht, auch nicht die Möglichkeit, sich auf einen bestimmten »Zweig« zu spezialisieren. Wir erhielten deshalb und dank eines breitgefächerten Unterrichtsplanes eine runde, gute Allgemeinbildung und erfuhren von vielem etwas. Ob man katholisch oder evangelisch war, spielte keine Rolle. Allerdings behaupteten die evangelischen Mädchen jedesmal, wenn sie eine schlechte Zensur erhalten hatten, daß der Grund hierfür ihre falsche Konfession sei.

Den Schulweg legte ich mit der Straßenbahn zurück, einmal mußte ich umsteigen. Je nachdem, wie der Anschluß klappte, dauerte die Fahrt zwanzig Minuten oder eine halbe Stunde. Zu einer längeren Verzögerung konnte es kommen, wenn an einer scharfen Rechtskurve, kurz vor einer Bahnunterführung, das Stangerl oben aus der elektrischen Leitung heraussprang. Es hing von der Geschicklichkeit des Schaffners ab, der es an einem Schnürl von unten her wieder hineinbalancieren mußte, ob und wieviel man zu spät kam. Wenn man also wirklich einmal zu spät dran war, erwies sich dieses Stangerl als immer glaubhafte, immer parate Ausrede. Bald nach der Unterführung hörten die Häuser auf, Felder dehnten sich, im Sommer grasten auf ihnen die Schafe. Bei Föhn sah man im Süden die Alpen, angefangen vom Wendelstein bis hin zur Zugspitze. Im Winter blies der Wind Schneewächten auf die Fahrbahn. Berg am Laim besaß noch einen durchaus dörflichen Charakter. An seinem einen Ende lag breit und behäbig das Kloster der Englischen Fräulein mit der kleinen gotischen Kirche, dem Schul- und Konventgebäude zur Straße hin. Dreihundertfünfzig Mädchen wurden in drei Jahrgängen zu jeweils drei Klassen unterrichtet, hundert von ihnen wohnten als Interne im Kloster. Die Nonnen teilten sich in Matres, die studiert hatten und Unterricht erteilten, und Schwestern, die die einfache Arbeit besorgten. Alle ordneten sich gleichermaßen der Mater Oberin unter, die nicht unterrichtete. Wir Schülerinnen kannten sie kaum. Über uns herrschte eine winzige, einsfünfzig große, alte Frau – sie mochte an die siebzig gehen – gleichermaßen gefürchtet, respektiert und geliebt. Ihr gebührte der Titel Mater Direktorin, als Namen hatte sie sich Leokadia gewählt.

Schul- und Konventgebäude verband oder trennte, je nachdem, die Klosterpforte, ferner eine kleine Halle dahinter und das sechseckige Empfangs- bzw. Besucherzimmer, dessen hohe Bogenfenster auf den Garten hinausblickten. Ehe man diesen erreichte, mußte man einen mit Kies bestreuten weiten Platz überqueren, auf dem wir die Pausen verbrachten. An den Gemüsegarten schlossen sich der Obstgarten und schließlich Felder und Wiesen und der Sportplatz, alles umstanden von mächtigen, alten Bäumen und umgeben von einer roten Ziegelmauer, die manchen wie die eines Gefängnisses erschien, auf mich jedoch eher schützend und anheimelnd wirkte.

Im zweistöckigen Schulhaus, voller Winkel und Erker, lagen auf den Zwischenetagen Kammern für die Hausschuhe und Schürzen der Schülerinnen, denn Straßenschuhe durften im Haus nicht getragen werden und aufwendige Kleidung, sofern sie damals jemand besaß, fand nicht den Beifall der Nonnen. Absolut verboten waren lange Hosen, Kleider ohne Ärmel oder mit großen Ausschnitten und selbstverständlich jede Art von Schminke. In unserer Klasse gab es ein paar Mädchen, deren Mütter nähen konnten und die gegen diese Verordnung, vor allem gegen die Schürzen, ankämpften. »Modeaffen« nannte sie meine Mutter. Ich war froh um die Schürze, besaß ich doch kein einziges neues Kleid, sondern mußte tragen, was Resi aus Amerika schickte. Jahrelang quälte ich mich mit orangefarbenen Strümpfen herum, verlacht von den anderen und von meiner Mutter vor die Alternative gestellt, dann eben die schafwollenen anzuziehen, die die Großmutter gestrickt hatte. Diese beißenden Ungetüme waren das einzige Geschenk, außer sechs versilberten Löffeln, das ich je von der Großmutter erhalten habe. Die amerikanischen Kleider schlotterten bunt und knallig um mich herum, die Mäntel hingen bis an die Knöchel. Meine Mutter meinte, was man anhabe, sei nicht so wichtig, wichtig seien allein Verstand und Herz, das mache den Menschen aus, nicht ein paar Fetzen.

Verstand und Herz fühlten sich in der ersten Klasse der höheren Schule recht wohl. Die Klaßleiterin, Mater Gislinde, eine Baronesse aus der Pfalz, schmal, grazil, sehr vornehm, führte mit leisem Humor und eisernem Willen fort, was Fräulein Appel begonnen hatte, nur herber, in einem guten Sinn modern. Sie unterrichtete die Hauptfächer und stachelte meinen Ehrgeiz an bis zum Äußersten. Die Schularbeit wurde härter. Es gab kaum Bücher, der Lehrstoff mußte zum großen Teil mit der Hand, später, als wir es gelernt hatten, mit Maschine selbst geschrieben werden. Viele meiner Mitschülerinnen saßen bis in die Nacht hinein über den Hausarbeiten.

Mama tat das kurzerhand als ungesund ab. Sie vertrat die Ansicht, daß drei Stunden am Nachmittag vollauf genügen müßten. Ich hielt mich daran. Was zwischen drei und sechs Uhr nicht zu schaffen war, gelangte eben nicht in mein Hirn. Die englische Sprache blieb so auf der Strecke. Vieren in Englisch und Turnen verunzierten mein Zeugnis.

Ich platzte damit mitten hinein in die Faschingszeit, in der Papa das Haus vollhing mit Luftschlangen und Lampions. Im Wohnzimmer ragte jahrelang direkt über dem Tisch eine große Schraube aus dem Plafond, nur um im Advent den Kranz und im Fasching die Luftschlangen zu halten. 1953 gerieten meine Eltern nicht wie sonst in Schwung. Ihnen war die Traumkulisse in den Kammerspielen genommen worden. Münchens Stadtväter hatten das Fest, um das wiederaufgebaute Deutsche Theater nicht ungenützt zu lassen, kurzerhand dorthin verlegt,

heraus aus Bühnenluft und Bühnenstaub, aus Theaterdonner und Kulissenseligkeit.
Früher, vor dem Krieg, hatten sich Georg und Anna auf den Festen im Gesellenhaus amüsiert, die derb und lustig waren, voller Kraft und Gaudi bis hin zum Faschingsdienstag, an dem, auch bei größter Kälte, der Faschingsprinz im Hof begraben und mit unzähligen Biernoagerln begossen wurde. Nach der großen schrecklichen Pause übte die Traumkulisse in den Kammerspielen eine unwiderstehliche Anziehungskraft auf meine Eltern aus. Wochenlang zuvor, praktisch ab Weihnachten, redeten sie darüber. Kleine, verschlüsselte Sätze fielen, halbe Andeutungen, Fragen bewegten sie wie: was wohl der Rudolf Vogel in diesem Jahr ..., mit wem wohl die Nicklisch ..., worüber sich der Schweikart ... und, wie kostümieren wir uns? Eine Art Nervenfieber packte sie, je näher der Termin rückte, eine alberne Aufregung, die sie genossen, und an der ich nicht Teil hatte. Früh verschwanden sie an jenem begierig erwarteten Abend und spät am nächsten Morgen kamen sie wieder, kichernd, gar nicht müde, beschwingt, wochenlang sich erinnernd, nun darum wissend, wer mit wem, unermüdlich immer wieder während des Erzählens genießend, was sie selber erlebt hatten. Ich verstand weder ihre Andeutungen, noch ihr seltsames Gekicher, fühlte nur erstmals etwas wie Neid auf die Welt der Erwachsenen.
Den Kinderfasching in der Schule fand ich gar nicht lustig, egal, ob sie mich als Ritterfräulein oder als Haderlump verkleideten.
1953 blieben Mama und Papa im Fasching zu Hause. Ein Massenfest galt ihnen nichts. Da inszenierten sie lieber daheim eine Gaudi. Sie fühlten, daß sie etwas Besonderes,

Einzigartiges verloren hatten, waren traurig und mißmutig und ließen ihren Verdruß an mir aus, als Vorwand die beiden Vierer in meinem Zeugnis benutzend, auch wenn es sonst nur Einser und Zweier aufwies.
Ich spürte mit Macht die sich nähernde Pubertät und fühlte mich weder geliebt, noch verstanden.
In dieser kritischen Zeit fiel es Mama ein, mir in Form von »Faust I« die nötige Aufklärung zukommen zu lassen.
Sie hatte bis dahin auf meine vorsichtigen Fragen nach Liebe, nach Mann und Frau, danach, woher die Kinder kämen, immer erschreckt reagiert, wich aus, sagte, das alles erführe ich noch früh genug; wenn ich heirate, würde ich es schon merken. Sie lenkte das Gespräch geschickt weg vom Thema und hin zur Frage der Verschiedenheit von Tolstoi und Dostojewski. So erfuhr ich eine Menge über diese beiden russischen Dichter, denn ich fragte nicht allzu selten nach den Geheimnissen des Lebens. Doch über diese selbst erfuhr ich nichts.
In meiner Not wandte ich mich an Fräulein Appel. Die hatte Sätze parat wie: »Wenn ein Mann und eine Frau sich in Liebe verbinden« und »Die Mutter trägt das Kindchen unter dem Herzen«.
Das brachte mich nicht weiter. Im Bücherschrank standen verbotene Bücher, ich las sie alle, ohne der Sache, nach der ich forschte, auf den Grund zu kommen. Pornographische Literatur gab es damals kaum, bestimmt nicht bei uns zu Hause.
Meine Freundin Paula, die mit mir auf die Mittelschule übergewechselt war, erkundigte sich bei ihrer älteren Schwester, erfuhr aber so unsinniges Zeug, daß wir uns darauf keinen Reim machen konnten.

Und akkurat da kam meine Mutter mit dem »Faust« daher. Sie schickte mich allein in die Vorstellung und gab mir den Satz mit auf den Weg:
»Du bist jetzt dreizehn, da mußt du solche Dinge wissen.«
Die Folgen wären ohne diesen Hinweis vielleicht so verheerend und weitreichend nicht gewesen.
Es handelte sich um eine Kortner-Inszenierung. Brüdern spielte den Faust, Werner Hinz den Mephisto – schlecht, wie Mama sagte – und die Kuzmany das Gretchen.
Wie viele Male zuvor befand ich mich im Theater, schaute gebannt hinauf auf die Bühne, verlor mich an das Stück, identifizierte mich mit den verschiedensten Personen dort oben, vergaß, daß Zuschauer um mich herum saßen, daß es sich um eine erdachte Geschichte handelte, reagierte noch immer wie das kleine Mädchen, das beim Schichtl auf der Oktoberwiese an den Mord geglaubt hatte. In dieser »Faust«-Aufführung geschah mir das alles auch und etwas Neues dazu. Ich wußte nicht, was es war, spürte nur, wie Angst, Schrecken, Sehnsucht, Glück mir die Brust schier zerbersten lassen wollten.
Kortner ließ seinen Faust-Darsteller von Anfang bis Ende schwarz gekleidet die Gretchen-Geschichte durchschreiten. Er zeigte ihn einsam und isoliert und benützte das Handicap des Schauspielers Gerd Brüdern, um Macht und Ohnmacht, Brutalität und Hinfälligkeit, Lebensgier und Leid des Mannes schlechthin herauszuarbeiten. Brüdern, damals dreiunddreißig, baumlang und schlank, hatte kurz vor Ende des Krieges ein Bein verloren und bewegte sich auf seiner Oberschenkelprothese seltsam schwingend über die Bühne, Mitleid und Grauen gleichermaßen in mir erweckend. Seit Jahren kannte ich ihn,

hatte ihn in verschiedenen Rollen gesehen und niemals etwas Besonderes gemerkt. Den Gefühlswirbel, in dem ich mich mit einem Mal befand, konnte ich nicht – noch nicht – als Liebe erkennen, es gärte alles zu tief drin in mir. Noch wurde nicht völlig die Tür aufgestoßen zu jener grausamen, schwierigen Zeitphase im Leben, die man Pubertät nennt, die die erste Liebe mit sich bringt und einem größere – weil so verworrene – Schmerzen bereitet, als vieles, was danach kommt.

Die Nonnen, die bisher stets bemüht waren, unsere Kindlichkeit so lange wie möglich zu erhalten, wunderten sich, daß wir Schülerinnen Entrüstung zeigten, als sie sich entschlossen, mit der Zeit zu gehen und der heraufdrängenden großen moralischen Freiheit ein klein wenig Raum zu geben. Wir hatten zwar immer gegen die fürs Turnen vorgeschriebenen Trainingsanzüge mit den langen Hosen, gegen Schürzen und Hausschuhe, gegen den altmodischen Handarbeitsunterricht gestänkert. Aber als Mater Gislinde eines Morgens in einer neuen, modernisierten Tracht erschien und wir erstmals ihren Hals, der bisher von einer festen weißen Binde umschlossen war, sehen konnten, reagierten wir bestürzt. Und drängte sich gar eine Haarsträhne unter der neuen leichten Haube mit dem zarten Schleier daran hervor, fühlten wir uns geniert und lachten albern. Auch Nylonstrümpfe statt der wollenen und gemäßigte Pumps anstelle schwerer Schnürschuhe gönnten wir den Nonnen nicht. Nein, so modern wollten wir sie nicht. Unbekümmert um unsere Meinung beschritten die Englischen Fräulein mutig und als erster Orden den Weg in die Erleichterung klösterlichen Lebens.

Obwohl neugierig beäugt, verschlossen sich uns zumeist die Geheimnisse des Konvents. Wir ahnten mehr, als wir es wußten, Unstimmigkeiten und Zank zwischen den Nonnen, spürten durch die Mauer ihrer selbstauferlegten Disziplin die Schwierigkeiten, die ein Zusammenleben so vieler Frauen verschiedenster Herkunft und Bildung mit sich brachte. Und da wir Mädchen für die Nonnen die einzig neutralen Gesprächspartner darstellten, wenn in ihrer grauenvollen Einsamkeit ihr schweigsamer Gott stumm blieb, so hörten wir, aufmerksam darauf achtend, von Zeit zu Zeit ein Wort der Auflehnung, des Aufbegehrens gegen die Regeln, eine nebenbei fallengelassene Bemerkung voller Verzweiflung über dieses scheinbar so geordnete, ausgewogene Leben.
Mit den Matres, den Lehrerinnen, gab es böse und gute Geschichten – auch lustige: Den Handarbeitsunterricht erteilte Mater Afra, klein, freundlich, vielleicht zwischen vierzig und fünfzig Jahre alt – Klosterfrauen sind schwer zu schätzen –, von heiterer Gemütsart, wenn auch ein wenig einfältig. Sie brachte uns zudem Maschinenschreiben und Kochen bei. Am meisten jedoch liebte sie das Handarbeiten, nicht etwa, weil sie gerne mit Nadel und Faden umging, sondern deshalb, weil ihr die beiden Nachmittagsstunden, in denen der Unterricht stattfand, den Genuß verschafften, sich vorlesen zu lassen. Ich haßte Handarbeiten, konnte es auch nicht, aber lesen, das konnte ich. Afra schrieb mir eine Eins ins Zeugnis und nähte oder strickte meine Arbeit, während ich vorne am Pult saß und laut las. Afra schwärmte für John Knittel. Hätten wir nicht durch Mater Gislinde einen so ausgezeichneten Literaturunterricht erhalten, unser Geschmack wäre arg gefährdet gewesen.

Eines Nachmittags, ich las gerade »Amadeus«, einen schrecklich schmalzigen Roman, in dem es – soweit ich mich erinnere – um die Liebe eines Priesters zu einer Frau ging, betrat die Mater Direktorin unser Zimmer. Sie erschien mitunter unvermittelt im Unterricht, was Schülerinnen und Lehrerinnen gleichermaßen aufregte.
Leokadia setzte sich in die letzte Bank und tat so, als korrigiere sie einen Stoß Hefte, den sie mitgebracht hatte. Plötzlich unterbrach mich ihre Altfrauenstimme mit der Frage:
»Was liest du denn da?«
»›Amadeus‹ von Knittel, Mater Direktorin.«
»Und woher hast du das Buch?«
Afra, die einen Tic hatte und je nach seelischer Verfassung heftig oder weniger heftig mit ihrem linken Augenlid zuckte, blinzelte wie von Sinnen als sie hervorstieß:
»Von mir, von mir.«
»Aber es steht nicht in unserer Schulbibliothek.«
»Nein, Mater Direktorin, ich habe es von einem Mädchen aus der dritten Klasse geliehen«, gab Afra zu.
»So«, sagte Leokadia, packte ihre Hefte zusammen und ging mit einem Kopfnicken leise, wie sie gekommen war, hinaus. Als ich am Ende der Stunde Mater Afra das Buch zum Aufbewahren bis zum nächsten Unterricht geben wollte, meinte sie: »Nimm es für diesmal mit nach Hause.«
Ich begriff. Gern tat ich es nicht. Meine Mappe, vollgestopft bis obenhin, wog wohl an die zwanzig Pfund, und der Heimweg am Abend gestaltete sich ohnehin beschwerlich. An der Endhaltestelle der Straßenbahn in Berg am Laim drängten Trauben von Menschen, müde von der Arbeit, in die Wagen. Sie fühlten sich durch uns

beengt, von unserem Gelächter und Geschnatter gestört und nannten uns giftig »die englischen Gänse«.

Nun, ich trug Afras Buch nach Hause und brachte es zum nächsten Handarbeitsunterricht wieder mit.

Die Nonne zwinkerte heftig:

»Kinder«, sagte sie, »wir können ›Amadeus‹ nicht weiterlesen. Das Buch« – ihre Stimme ging in Flüstern über – »steht auf dem Index.«

Was der Index war, wußten wir. Nun wollten wir die Geschichte um jeden Preis zu Ende erfahren, vielleicht würden wir etwas ganz besonders Verruchtes hören.

»Wir dürfen nicht«, sagte die Nonne.

»Mater Afra, bitte, bitte.«

Sie ließ sich nur allzugern erweichen.

»Lies sehr schnell«, forderte sie mich auf, »du kannst ja ein paar Seiten überschlagen. Und« – setzte sie ängstlich hinzu – »behalte die Tür im Auge.«

Leokadia kannte ihre Pappenheimer. Sie erschien erst lange, nachdem wir das verbotene Buch beendet hatten, wieder. In diesem Augenblick las ich den »Kleinen Lord Fauntleroy« von Burnett, und die Klasse, einschließlich Mater Afra, schluchzte herzzerreißend und moralisch sauber in die Knopflöcher, die in die selbstgenähten Kopfkissen gestickt wurden.

Es passierte in der ersten Mittelschulklasse, daß ich während der Pause im Klo einen roten Fleck in meiner Hose entdeckte. Ich erschrak tief und konnte es kaum erwarten, nach Hause zu kommen.

»Mama, in meiner Hose . . .«, ich brach in Tränen aus, gleich im Hausgang, sofort, nachdem Anna mir die Tür geöffnet hatte.

»Aha«, sagte sie, »es ist so weit. Komm, ich zeig' dir, wie man es macht.«
Sie gab mir einen Bindengürtel und eine Camelia, erklärte mir, daß ich sie wechseln müsse, wenn sie voll sei, und daß ich »das« jetzt alle vier Wochen haben würde. Manchmal täte es weh. Am besten, ich führte einen Kalender, dann wisse ich genau, wann es käme. Was »es« war, sagte sie nicht und ich fragte nicht danach. Mir reichte die Sache auch so.
Der einzige Vorteil lag darin, alle vier Wochen in der Turnstunde ruhig melden zu können: »Ich kann nicht.« Die Turnlehrerin, eine weltliche, unterschied sich in nichts von der ihr in der Volksschule vorangegangenen, verfügte über die gleichen Muskeln und verspürte mir gegenüber dieselbe Abneigung. Es rettete mich allein die Tatsache vor größeren Schwierigkeiten, daß ich Klavierspielen konnte. Meine Mitschülerinnen wollten, besonders in der Faschingszeit, tanzen. Und wenn ich, ganz gegen meinen Willen, eine volle Turnstunde lang Tango, Walzer und Foxtrott, auch Samba, gespielt hatte, brauchte ich zur Belohnung in der nächsten nicht mitzuturnen. Erlernt habe ich das Schlagergeklimper eigentlich nie, alle warfen mir vor, ich hätte keinen Rhythmus. Trotzdem mußten sie zufrieden sein, denn ich war die einzige in der Klasse, die ein Instrument beherrschte, und – sobald es sich um klassische Musik handelte – gar nicht so schlecht.
Das stellte sich bei Klassen- und Schulfesten heraus, an denen ich zusammen mit dem Religionslehrer, einem großen Mann in mittleren Jahren, der vom Krieg ein steifes Bein mitgebracht hatte und leidenschaftlich Geige spielte, musizierte.

Ich liebte besonders die Proben in dem großen, nachmittäglich leeren Turnsaal, dessen hohe Fenster hinaus auf den Gemüsegarten gingen. Über diesen hinweg konnte man weit auf Wiesen und Bäume schauen. Auch wenn der Herr Kaplan die unangenehme und für mich schmerzhafte Angewohnheit hatte, mir mit dem Geigenbogen auf den Kopf zu tippen, sobald ich falsch spielte, erlebte ich doch Stunden voller Glück und Harmonie, versank schier in der Musik, ließ Lehrerinnen und Mitschülerinnen, deren Sympathie ich mir mitunter durch mein ewiges Streben verscherzte, ließ das Elternhaus und alles, was in meinem Herzen drunter und drüber ging, hinter mir. Ob es dem Religionslehrer ebenso erging, erfuhr ich nicht. Wir sprachen selten miteinander, wir musizierten, und das genügte uns. Nur die Noten waren wichtig und bedeuteten uns etwas, der herrliche Klang des alten Bechstein-Flügels, der singende Ton der Violine.
Ich verstand die Fragen der anderen, wie denn der Kaplan so wäre, nicht, ebensowenig ihre seltsamen Blicke und ihr Getuschel. Verstand auch kaum ihre Reaktion, als er mir auf einem Schulausflug, in der Partnachklamm, aus der Patsche half. Zusammen mit ihm und einer weltlichen Lehrerin war unsere Klasse nach Garmisch gefahren.
Meinem Vater erschien der Fahrpreis zu hoch, er nörgelte, fand dergleichen überflüssig und gab mir gerade soviel Geld mit, daß ich mir ein Glas Milch kaufen konnte. In meinem Brotzeitpaket fand ich belegte Brote, zwei Äpfel, ein hartgekochtes Ei, ein wenig Schokolade, den unvermeidlichen Traubenzucker in Täfelchen, den Mama mir auch zu jeder Schulaufgabe mitgab, und außerdem ein paar Nüsse, mit denen zusammen ich zwei kleine zähe

Brocken hinunterwürgen sollte, die Lecithin enthielten. Ich wagte nicht, sie wegzuwerfen, ich würgte. Denn erstens, hatte meine Mutter gesagt, seien sie gesund für Nerven und Gehirn und zweitens teuer.

Ein Omnibus brachte uns nach Garmisch, von dort rollten wir in Pferdewagen hinter ins Gebirge und marschierten durch die Klamm, zwischen hohen Felsen, auf schmalem Weg; unter uns, neben uns, immer der reißende, tosende Gebirgsbach. Ein Steg tauchte auf, hoch über der Schlucht, schmal und wackelig. Angst stieg in mir auf, Panik. Ich blieb immer weiter in der Reihe zurück, bis endlich alle drüben waren, nur ich nicht. Verzweifelt hielt ich mich fest am Geländer und wagte keinen Schritt auf die Brücke. Drüben schrie und lachte die Klasse und machte sich lustig über mich. Ich stand und starrte und wurde meiner Angst nicht Herr. Der Religionslehrer, weit voraus bereits, bemerkte endlich das Malheur, machte kehrt, ging wortlos an den anderen vorbei zurück über die Brücke, nahm mich auf die Arme, sagte »mach die Augen zu« und trug mich hinüber.

Feindlich beobachteten uns meine Mitschülerinnen, schweigend, bis der Bann sich löste. Sie fingen an zu grinsen, zu tuscheln, boshafte Bemerkungen sprangen auf, wurden lauter, die Sticheleien gefährlicher, verletzender. Plötzlich klang es donnernd durch die Schlucht: »Haltet sofort alle miteinander das Maul!«

Der Pfarrer stammte aus einer bayerischen Bierbrauerfamilie und konnte seine Abkunft nicht verleugnen. Er war Manns genug, vierzig alberne pubertäre Mädchen mit einem einzigen Satz zur Räson zu bringen. Stille trat ein, der Ausflug wurde fortgesetzt, die Sache, jedenfalls fürs erste, nicht mehr erwähnt.

Mir aber war brutal etwas genommen, etwas zerstört worden. Nie mehr saß ich gelöst während der Proben am Flügel. Ich fühlte mich gehemmt, verklemmt, unfähig, den Gedanken daran zu verdrängen, daß neben mir ein Mann stand. Plötzlich bemerkte ich die hohen, schlanken Beine so dicht bei mir, die Bewegungen, die der Körper vollführte, während die Linke die Geige hielt und die Rechte mit dem Bogen über die Saiten strich. Ich hatte aufgehört, harmlos glücklich zu sein.

Vieles traf zusammen, um mich Stück für Stück die unschuldige Seligkeit des Kindseins verlieren zu lassen, und es half nichts, daran festhalten zu wollen, wie sehr ich es auch – rein intuitiv – versuchte.

Das erste Mittelschuljahr ging seinem Ende zu, fürs neue stand ein Lehrerinnenwechsel bevor, denn Mater Gislinde, die Baronesse, zog sich aus dem Schuldienst zurück. Sie würde ab Herbst die Geschäfte des Klosters führen.

Zu Beginn eines neuen Unterrichtsjahres versammelten sich alle Mädchen und alle Lehrkräfte im Turnsaal. Vorne, auf der Bühne, zu der sieben Stufen hinaufführten, stand Leokadia und verkündete den Klassen ihre neuen Leiterinnen. Aus unserer Ia wurde die IIa, an die Stelle von Mater Gislinde trat Mater Brunhilde.
Unmittelbar auf die Nennung dieses Namens ertönte ein langgezogenes, entsetztes, enttäuschtes, erschüttertes »Ah« aus der Ecke, in der wir, eng gedrängt, standen. Das böse Gesicht der betroffenen Nonne nahm an Bosheit zu, nicht an Schärfe. Scharf konnte es nicht werden, dazu war es zu feist. Brunhilde, ein Riesenweib, groß und

fett, so fett, daß sie die Hände unterhalb des Busens über dem Bauch nicht falten konnte, mußte diese fromme Geste hoch oben, auf dem mächtigen Gebirge ihrer Brüste ausüben, direkt vor dem vielfachen Doppelkinn. Wir sahen ihr zweimal am Tag dabei zu, denn gebetet wurde zu Beginn und am Ende des Unterrichts.

Als sie zum ersten Mal die Klasse betrat, flüsterte Paula mir zu: »Der Vollmond geht auf.«

Ich lachte.

»Ich weiß«, sagte die Nonne, »daß ihr mich nicht habt haben wollen, aber auslachen braucht ihr mich nicht. Wie heißt du?«

Sie zeigte auf mich.

Ich stand auf und sagte meinen Namen.

»So, Wilhelm« – den Vornamen unterschlug sie, nannte mich auch in Zukunft niemals damit – »das kann man sich merken, das ist der erste Name, den ich hier erfahre und den ich mir merke, weil ich mit dir die erste unerfreuliche Begegnung in dieser Klasse gehabt habe.«

Es sollte nicht die letzte bleiben, wir hatten beinahe jeden Tag unerfreuliche Begegnungen, sie und ich.

In der siebten Volksschulklasse, Fräulein Maier gegenüber, hatte ich verzweifelt und traurig angefangen zu lernen, mich Angriffen zu stellen, mich ihrer zu erwehren. Vierzehnjährig, ausgerüstet mit dem sanguinischen, quirligen Temperament meiner Mutter und dem hitzigen, kraftvollen meines Vaters, setzte ich Brunhilde allen Widerstand, dessen ich fähig war, entgegen.

Paula fiel während des Unterrichts genug dummes Zeug ein, um mich zum Lachen zu bringen. Sie lachte mit, versteckte sich aber geschickter, wurde im Gegensatz zu mir selten erwischt.

»Du hast gelacht«, eröffnete Brunhilde das Gefecht.
Ich stand auf, schwieg, bemüht, das Glucksen in mir hinunterzuschlucken.
»Warum hast du gelacht?«
Ich schwieg, was hätte ich sagen sollen? Brunhildes Gesicht lief rot an, ihre Massen schoben sich auf mich zu. Paula kicherte, mir entwischte ein Zucken in den Mundwinkeln.
»Du lachst ja immer noch, du bringst mich zur Weißglut! Hinaus!«
Ich verließ den Raum, stand auf dem Gang, unglücklich, böse.
Leokadia kam vorbei.
»Was machst du auf dem Gang?«
»Mater Brunhilde hat mich hinausgeworfen.«
»Warum?«
»Ich habe gelacht.«
»Worüber?«
»Das hat sie mich auch gefragt. Ich weiß es oft gar nicht, ich lache so leicht, besonders in ihrem Unterricht.«
»Versuche, dich zu beherrschen.«
Wir führten diesen Dialog nicht gerade selten, manchmal zu dritt, wenn Paula, kurz nach mir, ebenfalls das Klaßzimmer hatte verlassen müssen. Doch schlau und diplomatisch entschuldigte sie sich nachher bei Brunhilde, vergoß einen Strom von Reuetränen, der einen Stein hätte erweichen können, sagte, wie leid ihr alles täte, und brachte für sich die Sache in Ordnung. Ich entschuldigte mich nie. Das verbesserte mein Verhältnis zur Lehrerin nicht gerade. Meinen Zensuren jedoch konnte all das nichts anhaben. Ich arbeitete verbissen, jetzt erst recht. Die Situation, daß niemand auf die von der Lehrerin

gestellte Frage eine Antwort weiß, ist alltäglich in der Schule. Brunhilde gab in so einem Fall Hilfestellungen, rief einzeln ihre Lieblinge auf, erntete auch bei diesen, trotz erneut gegebener Tips, in der Regel nur Ratlosigkeit und konnte es sich zu guter Letzt nicht verkneifen, ironisch zu fragen: »Seid ihr denn wirklich alle so dumm?«
Darauf hatte ich gewartet. Ich meldete mich, stand auf und sagte: »Nein, Mater, ich weiß es.«
Ich wußte auch, daß ich sie damit wieder einmal zur Weißglut gebracht hatte.
Mittwochs, zwischen drei und sechs am Nachmittag, hielt sie Elternsprechstunden ab.
Jeden Dienstag wies sie darauf hin und fügte nicht selten hinzu:
»Es gibt Mütter, die interessieren sich nicht für die Leistungen und das Betragen ihrer Kinder.« Sie blitzte mich durch ihre runden Brillengläser böse an. »Es gibt aber, Gott sei Dank, auch andere, die regelmäßig in die Sprechstunde kommen, sogar Vater und Mutter!«

»Mama«, flehte ich zu Hause, »geh' halt einmal zur Brunhilde. Alle anderen Mütter waren schon da, sogar die Väter, viele schon zweimal.«
»Was soll ich denn bei der? Für so einen Schmarrn hab' ich keine Zeit und der Papa erst recht nicht. Was du für Noten nach Hause bringst, sehen wir ja. Und wenn du frech bist, soll sie dich strafen, da misch' ich mich nicht ein.«
»Geh bitte hin! Sie kann mich sowieso nicht ausstehen. Und wenn du sie weiter ignorierst, wird es noch schlimmer.«
»Also gut, damit eine Ruh' ist.«

Anna ging, bangen Herzens wartete ich auf ihr Nachhausekommen.
»Wie war's?«
»Nix war.«
»Was hat sie gesagt, erzähl doch.«
»Frech bist du, hat sie gesagt.«
»Aber . . .«
»Laß mich in Ruh', ich mag jetzt nicht darüber reden, ich muß jetzt kochen. Heute abend, wenn der Papa da ist, erzähl' ich es.«
Sie war also dort gewesen, hatte das sechseckige Zimmer betreten, sich kurz umgesehen, sofort die dicke Brunhilde vorne am Fenster entdeckt und beobachtet, wie diese auf eine weinende Mutter einredete. Anna mußte warten, vor ihr kamen noch zwei andere Frauen dran, die die Nonne auch zum Weinen brachte. Mütter von offenbar ebenfalls mißratenen Kindern. Sie machte ihre Sache gründlich. Mama kam an die Reihe. Brunhilde legte los, schilderte mein freches Verhalten, meinen durch und durch schlechten Charakter.
»Und ihre Leistungen?«, unterbrach Anna sie kühl.
»Die sind gut.«
»Danke«, sagte meine Mutter, »das wär's dann wohl. Vielen Dank, auf Wiedersehen Mater.«
Sie gab der Nonne die Hand und ging.
»Mama«, rief ich, »was hast du getan! Jetzt wird sie mich erst recht hassen. Ich trau' mich da morgen nicht hin.«
»Unsinn, wenn du dich anständig verhältst, kann sie dir nichts tun. Sei nicht frech und arbeite fleißig.«
»So einfach ist das nicht, sie wird sich rächen.«
»Das glaub' ich nicht, wart's ab.«
Ich brauchte nicht lange zu warten.

Brunhilde nahm am nächsten Tag, während der Deutschstunde, plötzlich Schillers Glocke wieder vor. Wir hatten sie gelesen, auswendig gelernt und lange darüber geredet. Wir hatten es nie geschafft, ohne mühsam verbissenes Gelächter über jene Stelle hinwegzukommen, in der es heißt: ... »Errötend folgt er ihren Spuren« ... und so weiter.
Brunhilde ging geradewegs auf ihr Ziel zu. Sie rief mich auf, damit ich ausgerechnet diesen Absatz vorläse. Paula fing, noch ehe ich den Mund auftat, an zu kichern. Ich las nicht, ich konnte das Gedicht noch auswendig, sagte die verlangte Stelle her und lachte nicht.
»Wilhelm«, unterbrach die Nonne, »beschreibe mit eigenen Worten die Gefühle, die in der Brust des jungen Mannes vor sich gehen.«
Paula neben mir platzte beinahe vor Lachen.
Ich wußte, um was es ging, was auf dem Spiel stand, und hielt durch. Sollte sie mir ruhig weiter so blöde Fragen stellen. Sie würde mich nicht hereinlegen. Ich tischte ihr genau das sentimentale Zeug auf, das sie hören wollte, das sie selbst zu diesem Thema seinerzeit verzapft hatte.
Denn ihre ganze Erfahrung in den Dingen der Liebe bestand darin, daß sie, die reiche Bauerntochter aus dem Niederbayrischen von ihrem Bräutigam um einer Schöneren willen sitzen gelassen worden war, worauf sie sich mit ihrem großen Erbe ins Kloster eingekauft hatte. Sie lebte dort dermaßen einsam, unverstanden und isoliert, daß sie uns pubertären Gänsen, im Zusammenhang mit Schillers Dichtung, ihre eigene Geschichte anvertraut hatte. Natürlich lachten wir darüber. Wir waren nicht reif genug, um die Tragödie dieser Frau zu verstehen, die wie ein Klotz unter den Mitschwestern wirkte und das auch

so empfand, der der tägliche Umgang mit Gott nicht den geringsten Trost spendete, die es nicht verstand, sich Freunde zu schaffen, unter den Nonnen so wenig wie unter ihren Schülerinnen. Und die immer mehr in Isolation und Haß Gedrängte fand keinen anderen Weg, ihre Aggressionen abzureagieren, als in der Konfrontation mit Schulmädchen. Im Augenblick war ich ihr bevorzugtes Opfer, schon allein deshalb, weil ich die Schläge nicht hinnahm, sondern mich ihrer zu erwehren versuchte.

Nachdem ich mein Stimmungsbild einer männlich verliebten Seele zu Ende gebracht hatte, schnaubte sie verächtlich und fragte:

»Wo nimmst du bloß diesen Blödsinn her?«

»Von Ihnen, ich habe damals mitgeschrieben und auswendig gelernt, was Sie gesagt haben«, antwortete ich.

Die Klasse hielt den Atem an. Brunhildes Gesicht verfärbte sich, Röte stieg auf, verwandelte sich in dunkles Lila.

»Sie bekommt einen Schlaganfall«, flüsterte Paula.

»Du«, schrie Brunhilde und rang nach Luft, »du, du bist wie deine Mutter, du bringst mich noch zur Weißglut! Du und deine Mutter, ihr bringt mich beide zur Weißglut.«

Sie verließ das Zimmer.

»Wenn sie stirbt«, sagte Paula laut, »bist du schuld.«

Betreten fuhr ich nach Hause. Gleich beim Mittagessen erzählte ich den Vorfall. Es wurde mir leichter dabei, auch wenn mein Vater Brunhildes Partei ergriff und mein freches Verhalten scharf verurteilte. Mama meinte, alles käme daher, daß ich den Mund nicht halten könne, undiplomatisch sei und den Kampf suche, anstatt mich still zu verhalten und nachzugeben.

»Alles kommt daher«, antwortete ich, »daß du sie hochnäsig behandelt hast.«
Wir wollten gerade anfangen zu streiten, als das Telefon klingelte.
Die Nonnen von nebenan!
Nein, sie wollten heute nirgendwohin gefahren werden, reden wollten sie mit Papa, reden über ihr an ihn und den Tapezierer verpachtetes Grundstück, auf dem beider Werkstätten standen.

Meine Sorgen gingen unter in den weit größeren, die da plötzlich auftauchten. Die Mallersdorfer Schwestern verlangten ihr Grundstück zurück, kündigten die Pacht, sagten, sie bräuchten einen größeren Spielplatz für die Kinder. Papa kam niedergeschlagen und verzweifelt von der Besprechung zurück.
»Was soll ich machen? Wohin? Überall wird gebaut. Aber was? Wohnungen, Bürogebäude, alles, bloß keine Werkstätten. Und wenn ich eine fände, könnte ich wahrscheinlich die Miete nicht zahlen. Außerdem drängen die Nonnen, wollen uns so schnell wie möglich draußen haben.«
»Was macht der Tapezierer?«, wollte Anna wissen.
Georg zuckte die Achseln, saß da, mutlos, ratlos – bis ihm eine Idee kam:
»Wir bauen die Werkstätte«, sagte er, »ins Haus.«
»Nein Schorschi«, schrie Anna, »nein, alles, nur das nicht.«
»Und wenn es keine andere Möglichkeit gibt? Schließlich steht das Parterre unten so gut wie leer.«
»Mir kommt keine Werkstätte ins Haus, ich hab' ohnehin genug Dreck! Und genug Arbeit! Wer wäscht denn deine

Maleranzüge? Wer putzt den ganzen Tag hinter dir her? Das Haus, Schorschi, gehört mir!«
»Und du lebst geradeso wie ich davon, daß ich einen Handwerksbetrieb habe! Oder soll ich ihn zusperren?«
»Meinetwegen! Ich könnte darauf verzichten! Nichts als Ärger! Nichts als Rechnungen schreiben und Kostenvoranschläge ausrechnen, nichts als hysterische Anrufe von nörgelnden Kundschaften. Wärst du in die Oper ...«
»Ich bin nun mal nicht in die Oper gegangen! Hör auf damit! Ich bin selbständig und brauche eine Werkstatt, weil mich die Nonnen hinauswerfen.«
»Da siehst du es! Du und deine Nonnen! Jeden Mittag läufst du, wenn sie anrufen und sagen – Herr Wilhelm, könnten Sie uns nicht da hinfahren oder dort hinfahren« – Anna äffte die hohe Stimme der Naserten nach, »tust deine Nerven herunter für diese Weiber, die uns im Krieg nicht in ihren Keller lassen wollten und deren Dankbarkeit sich jetzt so zeigt. Was sind sie denn? Was waren sie? Kuhmägde, die keinen Mann erwischt haben.«
»Das gehört nicht hierher«, schrie Georg.
»Aber wahr ist es. Die größten Gemeinheiten begehen sie unter dem Mäntelchen der Frömmigkeit.«
»Man braucht nur die Brunhilde anschauen«, warf ich ein.
»Du hältst den Mund«, fuhren beide mich an.
Ich hatte im falschen Moment auf mich aufmerksam gemacht und ergriff schnell und ehe sie Zorn und Wut an mir auslassen konnten, die Flucht.

Selbstverständlich setzte Papa sich durch. Die Werkstatt kam ins Haus. Es wurde wieder einmal umgebaut.
»Das ist das letzte Mal«, erklärte Anna.

Doch als mein Vater – zehn Jahre später – starb, bestellte sie den Architekten und die Handwerker und verwandelte das untere Geschoß in ein kleines Apartment, um es vermieten zu können, wenn wir verarmen sollten.
Und als Anna gestorben war, begann ich damit, das Haus umzubauen.
Wie es all das überstanden hat, ist ein Rätsel und bleibt sein Geheimnis. Alle Zeit umschloß es uns wie eine schützende Muschel, auch, als plötzlich morgens um halb sieben die Lehrbuben begannen, einen Höllenlärm mit Kübeln und Fässern, Karren und Leitern zu veranstalten, und damit die halbe Jugendstraße aus dem Schlaf rissen.
Aus der Werkstatt führte keine Türe direkt in die Wohnung. So blieb unser Bereich einigermaßen unversehrt und gab uns, wie zuvor, Sicherheit und Geborgensein, was immer mit uns und an uns draußen auch geschah.
Das fühlten nicht nur wir, das spürten andere ebenso und kamen und wären gern häufiger gekommen. Aber mehr und mehr verschlossen wir diese Muschel gegen Fremde.
Wenn es an der Haustür läutete, saßen wir für einen Moment wie erstarrt, empfindlich gestört, ärgerlich über das unerwünschte Eindringen Fremder.
»Dreht das Radio leiser«, sagte Mama.
Sie öffnete vorsichtig die Wohnzimmertür, schlich die Treppe hinab und spähte über das Geländer vor zur Haustüre, durch deren Milchglasscheiben man ungefähr erkennen konnte, wer draußen stand.
Kunden meldeten sich zuvor telefonisch an, um solche konnte es sich nicht handeln. Waren es ungebetene Besucher, blieb ihnen die Tür meist verschlossen.
Die Töchter der Familie Kaiser von gegenüber gehörten zu den Ausnahmen.

Hilde, die ältere, die mich seinerzeit aus dem Keller der Kirchenschule durch das brennende Haidhausen heimgetragen hatte, war nun dreißig und arbeitete, da sie keinen Beruf erlernt hatte, als Vertreterin. Wochenlang befand sie sich unterwegs, von einem Dorf zum anderen, übernachtete in kalten, unfreundlichen Gasthöfen und führte unwirschen Bäuerinnen Waschmaschinen vor, indem sie deren schmutzige Wäsche wusch. Sie versuchte krampfhaft, Schönheit und Lebenslust zu erhalten, doch beide verloren sich auf den endlosen Landstraßen.
Mein Vater belächelte ihre Haarteile, ihre Cremetöpfe, wich ihr überhaupt nach Möglichkeit aus, angewidert und abgestoßen von ihren rührenden Versuchen, ein wenig mit ihm zu flirten. Die meisten Männer verhielten sich so. Sie kannten kein Erbarmen mit jenen Frauen, die keinen Ehemann hatten und keinen Freund fanden, weil der Krieg die Männer ihrer Generation gefressen hatte. Hildes Tragödie bestand darin, daß sich ihr sehnlichster Wunsch nach einer Heirat nicht erfüllte, daß das Schicksal nicht einmal einen Liebhaber für sie bereithielt. Und so fuhr sie nach Italien. Sie gehörte mit zu den ersten deutschen Frauen, die dort fanden, was ihnen hier niemand gewährte.
Ich staunte nicht schlecht, als sie mir ihre Urlaubsfotos zeigte: Hilde am Strand mit einem Mann, Hilde unter Pinien mit einem Mann, Hilde vor dem Forum Romanum – mit einem Mann! Für dieses bißchen Glück ging ihr ganzes schwer verdientes Geld drauf.
Mein Vater, sonst keineswegs gefühl- oder verständnislos für menschliche Schwächen, nahm sich, wie die meisten deutschen Männer, das Recht heraus, Frauen, die mit Italienern schliefen, scharf zu verurteilen. Er konnte

Hilde ja schließlich nicht helfen – und damit, daß es auch kein anderer tat, hätte sie sich eben abfinden müssen. Daß sie da hinunterfuhr, zu diesen Katzelmachern, die allesamt gewiß auch verheiratet waren, nein, das gefiel ihm nicht, das fand er widerlich. Er sah es nicht mehr gern, wenn Hilde zu uns kam, er mochte es nicht, wenn ich drüben, in der muffigen Küche bei den Kaisers saß. Aber das hinderte mich nicht, viel Zeit dort zu verbringen.

Wie eh und je saß der alte Kaiser in der linken Ecke des Sofas, hinter dem Küchentisch, den Ellenbogen aufs Fensterbrett gestützt, und rauchte seine lange Pfeife. Über ihm sang in einem Käfig ein Kanarienvogel.

Solange die Kaiserin lebte, huschte sie klein und verängstigt herum, versorgte die Familie schlecht und den Vogel gut, und als sie gestorben war, übernahmen die Töchter diese Tätigkeiten.

Gekocht wurde jeweils für eine Woche im voraus, irgendein Stampf aus Gemüse und Kartoffeln, mit wenig Fleisch darin und noch weniger Gewürzen. In stoischer Ruhe saß die Familie um den Tisch, schlang das ewig gleiche Gericht in sich hinein und schimpfte auf das alte Haus, in dem zu leben sich nicht lohnte und in dem im Keller der Schwamm wuchs. Die Feuchtigkeit zog bis herauf ins Parterre. Daran, daß man tüchtig heizen und trotzdem die Fenster hätte aufmachen können, daran, daß mit Erneuern und Reparieren viel hätte gewonnen werden können, dachte niemand. Der alte Kaiser hielt sein Geld auf der Bank, Hilde trug ihres nach Italien und Barbara, die jüngste, gab es für Kleider aus. Was übrig blieb, lockte ihnen ihr Bruder, der nicht zu Hause wohnte, nur gelegentlich vorbeikam, heraus und verschwand wieder damit.

An die Küche schloß sich das Schlafzimmer der Alten, ferner gab es eine kleine Kammer im Erdgeschoß, in der die Schwestern schliefen. Der erste und zweite Stock wurden vermietet. Alle Hausbewohner teilten eine Toilette, draußen im Stiegenhaus. Vermietet wurde auch das Rückgebäude.

Hilde und Barbara besaßen praktisch keinen Winkel für sich. Sie durften niemals Besuch bekommen, geschweige denn einen Mann mit nach Hause bringen.

Barbara, zehn Jahre jünger als Hilde, arbeitete als Verkäuferin in einem Kaufhaus und geriet, ohne es zu wollen, ohne zu wissen, zu begreifen, wie es geschah, auf die schiefe Bahn. Gab es für Hilde weit und breit keinen Mann, so trieb Barbara es jede Nacht mit einem anderen. Geld dafür nahm sie nicht. Sie tat es, weil sie glaubte, die Männer, die sie abends, nach der Arbeit, auf der Straße ansprachen, hätten sich in sie verliebt. Sie luden sie ein auf einen Kaffee, zu einem Glas Wein, und danach ergab es sich wie von selbst, daß Barbara mit auf ihr Zimmer oder in ihre Wohnung ging und mit ihnen schlief. So lebte sie jahrelang. Und wurde häßlicher darüber. Die Männer sahen es und zeigten weniger Interesse. Für Barbara kehrte sich die Situation um. Sie lief nun ihrerseits hinter den Männern her und wollte, mit einem Mal, wie ihre Schwester nur noch eins: heiraten.

Heute lebt niemand mehr von den Kaisers, ihr Haus ist abgerissen worden. In der Jugendstraße klafft eine häßliche, traurige Lücke. Ich sehe sie, wenn ich aus dem Fenster schaue.

Zuerst starb die Kaiserin, gefolgt von ihrem Sohn, der sich vergiftete. Mit Rattengift. Aus Liebeskummer, meinten die Leute. Ihm folgte Hilde. Italien und Italiener

hatten ihr nicht mehr genügt, immer weiter trieb es sie, Fernweh nannte sie ihre Rastlosigkeit. Und weit weg von München liegt sie begraben. Der Urlauber-Jet, der sie von Indien nach Hause bringen sollte, stürzte über einer Insel im östlichen Mittelmeer ab. Die Angehörigen wurden verständigt, Barbara führte alle Telefonate von unserem Apparat aus, schrie und weinte, erlitt einen Nervenzusammenbruch und flog dann, wie die anderen Hinterbliebenen der Verunglückten auch, mit einer Maschine des Reisebüros, das die Reise veranstaltet hatte, zur Beerdigung. Sarg stand neben Sarg auf der heißen Erde; was sich in den Särgen befand, erfuhr niemand. Es war verhindert worden, daß die Leichen, die Leichenteile, freigegeben wurden zur Identifikation. Der alte Kaiser blieb zu Hause in seiner Stube im linken Sofaeck sitzen und rauchte Pfeife. Er hatte seine Tochter nicht verstanden, auch nicht besonders geliebt; dazu war er nicht fähig. Jetzt ging sie ihm ab, er fühlte sich einsam und starb.
Barbara fand schließlich doch noch einen Mann, einen Postbeamten. Sie heiratete ihn und glaubte, glücklich zu sein. Er war ein sogenannter anständiger Mensch, liebte den Wald und die Berge, liebte lange Wanderungen und strapaziöse Touren auf die Gipfel und über Gletscher. Leider war er impotent. Barbara fiel irgendwann in eine Gletscherspalte, wurde geborgen, war tot.
Daß einmal nichts als ein verfallener, moosbewachsener Grabstein droben auf dem alten Haidhauser Friedhof von der Familie gegenüber bleiben würde, hätte ich mir damals, als Schulmädchen, als mir Hilde und Barbara und ihre Erzählungen von Reisen und Männern maßlos aufregend vorkamen, nicht träumen lassen.
Fünfundzwanzig Jahre haben diese Familie und ihr Haus

ausgelöscht, weggetragen, wohl sogar die Erinnerung an sie verweht.

Ausgelöscht wurde auch die Familie Herzwald, auf eine grauenhafte, schrecklich langsame Art und Weise.
Die Geisteskrankheit der Frau nahm beängstigende Formen an. Ich fürchtete mich, ihr auf der Straße zu begegnen. Sie beließ es nicht mehr dabei, nur aus ihrem Fenster zu schreien, sie stürzte in verwahrlostem Zustand auf die Straße, rannte bis vor zum Knabenheim und schüttete nicht selten einen Kübel Wasser in die Pforte. Dabei stieß sie wilde Beschimpfungen aus, mit hoher, heiser kreischender Stimme. Niemand verstand die Worte, niemand deren Sinn.
Max, ihr Sohn, ein ausgelernter Bäckergeselle inzwischen, verfiel zusehends, wie seine Mutter, dem Wahnsinn. Er ging nicht mehr zur Arbeit, hockte zu Hause in der Ecke eines Zimmers auf dem Boden, weinend, gepeinigt von Angst. Nur der alte Herzwald, der inzwischen pensioniert worden war, trug nach wie vor Pakete nach Hause, kramte in Aschentonnen und schloß sich in seinem Zimmer ein, unbekümmert um Frau und Sohn.
Die Leute diskutierten die Einlieferung in eine Nervenheilanstalt. Freiwillig gehen Geisteskranke dorthin nicht, zwingen kann man sie nicht, es sei denn, sie sind gemeingefährlich. Frau Herzwald hatte bisher niemandem etwas getan. Noch nicht! Würde es soweit kommen? Man vermutete es, man wartete ab. –
Bis es eines Tages geschah: Geschrei auf der Straße. Die Herzwalden rannte mit ihrem Kübel voll Wasser – und Kübel waren damals nicht aus Plastik, sondern aus verzinktem, schwerem Blech – auf das Kloster zu. Fenster

wurden aufgerissen, Köpfe reckten sich heraus, Papa kam zufällig mit dem Auto dahergefahren. Die Herzwalden schüttete das Wasser in die Klosterpforte.
Gerade in diesem Augenblick trat der Direktor des Knabenheimes, ein Pfarrer, knorrig wie ein alter Baum, aus dem Haus. Hatte er das Schreien nicht gehört? Wollte er die Verrückte zur Rede stellen? Man wußte es nicht. Alles geschah sehr schnell. Die Frau sah den Mann, sah seinen verhaßten schwarzen Rock, hob den schweren Kübel, holte aus, wollte ihn auf den Kopf des Priesters herabsausen lassen, als ihr mein Vater von hinten in den Arm fiel. Mit hartem Griff bremste er den Schlag ab, so daß der Kübel das Gesicht des Mannes nur streifte, jedoch die Brille zerschlug, deren Splitter in die Backen drangen. Blutüberströmt stand der Pfarrer. Von meinem Vater festgehalten wand sich die Verrückte. Andere Männer kamen zu Hilfe. Schnell erschien die Polizei, der Krankenwagen fuhr vor. Man warf der Frau eine Zwangsjacke über, gellend schrie sie auf, vergeblich wehrte sie sich. Es gab keinen Zuschauer, der nicht Mitleid empfand. Frau Herzwald verließ die Jugendstraße für immer, wurde nach Haar eingeliefert, mit Elektroschocks behandelt und niemals geheilt. Vater und Sohn blieben allein. Als der Alte starb, folgte der Junge seiner Mutter in die Nervenheilanstalt.
Beide fielen dem Staat nicht zur Last. Der Herzwald war als reicher Mann gestorben. In dem allzeit verschlossenen Zimmer fand man eine Briefmarkensammlung von ungeheurem Wert.

Mama und ich nahmen Teil und Anteil an derlei Schicksalen. Nur übers Wochenende vergaßen wir sie. Georg

drängte hinaus. Er wollte Landluft atmen, weit über Wiesen und Felder schauen, die Berge betrachten, Zwiebeltürme sehen und den hohen Himmel, über den die bayerischen weißen Wattewolken segelten.
»Selber gehören müßt einem halt ein Platzerl«, sagte er, wenn wieder irgendwo ein Fleck eingezäunt und ein Häuschen draufgebaut worden war.
Uns fehlte dazu das Geld. Mein Vater handelte zu rechtschaffen, zu ehrlich, zu wenig gerissen, um von dem einsetzenden Bauboom zu profitieren. Er werkelte vom frühen Morgen bis in die Nacht hinein, zahlte Steuern, bezahlte die Gesellen weit über Tarif, damit sie ihm nicht davonliefen, und hielt seinen Betrieb in mittlerer Größe. Sechs Gesellen und zwei Lehrbuben, manchmal mehr, manchmal weniger, damit konnte man anständig leben – Reichtümer ansammeln konnte man nicht. Fünfzig Gesellen hätte er haben müssen – oder nur einen. Mit fünfzig hätte er Großbauten übernehmen und im Akkord arbeiten und mit nur einem die Finanzbehörde übers Ohr hauen können. Zehn Angestellte reichten nicht aus, um die erste Möglichkeit wahrzunehmen, und von der anderen durfte man um Gottes Willen keinen Gebrauch machen, weil das Finanzamt gerade mittleren Handwerksbetrieben genau auf die Finger schaute und sie schröpfte, wo es nur ging. Ununterbrochen fühlten wir uns bedroht von Betriebsprüfungen. Sie wurden acht Tage vorher angekündigt. Dann stand der Beamte da, wühlte in Akten, Bankauszügen, Rechnungen und Geschäftsbüchern, fieselte überall herum mit gezücktem Rotstift, brachte Mama mit Fragen in Verwirrung und versuchte tückisch, sie in die Enge zu treiben. Papa glänzte durch Abwesenheit, und das war auch besser so. Die Klügere war allemal

meine Mutter, auch wenn ihr Buchführung verhaßt und immer ein Buch mit sieben Siegeln blieb.

Georgs einzige Möglichkeit, Einnahmen wegzuschwindeln, bestand darin, Privatkunden zu haben, die ein Zimmer malern ließen und keine Rechnung verlangten. Er konnte die dafür erhaltenen Beträge um so eher unter den Tisch fallen lassen, als er diese Arbeiten meist selbst ausführte. Anna schimpfte, daß er sich damit herumplagte, aber er ließ sich nicht abhalten und meinte:
»Das ist mein Geld.«
Die Arbeit wurde insofern leichter, als man allmählich davon abkam, die Zimmer zu mustern. Es wurde Mode, alle vier Wände, möglichst auch noch die Decke, in verschiedenen Farben zu streichen. Ausprobiert wurde das zuerst bei uns zu Hause.
Viel Zeit aber durften die Maler nicht in unseren Räumen verbringen. Mama haßte sie, wie all die anderen Handwerker, die nur zu oft das Haus bevölkerten. Das Wohnzimmer neu zu streichen – was nicht selten vorkam –, bedeutete, daß wir morgens um halb sieben die Möbel in rasender Eile herausschieben, die Teppiche aufrollen und die Vorhänge abnehmen mußten, während zwei Gesellen bereits anfingen, die Wände abzuwaschen. Mittags, so gegen zwölf, strahlte alles in neuem Glanz, Anna schrubbte den Boden, um eins standen die Schränke an ihren angestammten Plätzen und um zwei setzten wir uns an den Kaffeetisch, umgeben vom sogenannten letzten Schrei. Als aber eines Tages das Zimmer der neuesten Mode entsprechend vier verschiedenfarbige Wände und einen roten Plafond aufwies, begehrte Mama auf:
»In dieses Zimmer bringen mich keine zehn Pferde.«

»Es ist Mode«, verteidigte Papa sein Werk.
»Das ist mir gleich, ich werde wahnsinnig unter einer knallroten Decke, das halten meine Nerven nicht aus.«
»Du wirst dich dran gewöhnen.«
»Daran gewöhne ich mich nie!«
Ich kam gerade von der Schule nach Hause.
»Ja, um Gottes willen, wie schaut denn das Zimmer aus! Ist das greißlich!«
»Sei still«, rief mein Vater, »sonst schmier ich dir ein paar. Das ist der letzte Schrei.«
»Schorschi, streiche augenblicklich die Decke weiß«, verlangte Anna.
»Das geht nicht, dieses Rot ist eine Deckfarbe, Deckfarben kann man nicht überstreichen, die muß man wieder wegwaschen.«
Sie stritten. Papa behielt die Oberhand, jedenfalls für die nächsten zwei Monate. Dann fiel auch ihm die rote Decke auf den Kopf. Klammheimlich, während ich in der Schule und Mama für längere Zeit beim Einkaufen in der Stadt war, räumte er das Zimmer aus und verwandelte den roten Plafond in einen weißen. Mit Hilfe von zwei Gesellen und einem Lehrbuben ging es schnell.
Schnell mußte es auch gehen, als er sich einmal daran versuchte, das Finanzamt übers Ohr zu hauen. Fünftausend Mark wollte er verschwinden lassen, hatte wohl auch mit seinem Steuerberater, dem Bruder des Rektor Schönle, darüber gesprochen, es jedoch so ungeschickt angestellt, daß dieser sagte:
»So können Sie die Bücher nicht lassen, so fällt die Mogelei sofort ins Auge.«
Der Revisionsbeamte hatte sich angesagt, in fünf Tagen würde er da sein.

»Was soll ich machen?« wollte Papa wissen.
»Schreiben Sie die Bücher um, bringen Sie die fünftausend nach und nach wieder hinein«, sagte Schönle.
Mit diesem Rat erschien Georg vor seiner Anna – und nachdem sie sich angeschrieen hatten, bis keiner mehr über genügend Atem zur Fortsetzung des Kampfes verfügte, nahm sich Mama die Bücher vor.
Sie arbeitete vier Tage und vier Nächte. Ich half ihr, am Nachmittag, nach der Schule, bis spät in die Nacht hinein. Seite um Seite wurde neu geschrieben und addiert. Wir besaßen keine Rechenmaschine, Taschenrechner gab es noch nicht. Das Kopfrechentraining bei Fräulein Appel kam mir zugute. Sie hatte uns zu Beginn jeder Rechenstunde in raschem Tempo durch eine Kopfrechnung gejagt: addieren, subtrahieren, multiplizieren! Das Endergebnis wurde laut bekanntgegeben, die Sache wie ein Spiel gehandhabt. Jetzt zahlte es sich aus.
Papa schlich um uns herum, wagte kaum zu sprechen, dankte schuldbewußt fürs Essen, das auf den Tisch zu stellen Anna trotz allem auch noch fertigbrachte.
Am Sonntag, nachmittags um halb drei, war das Wunder vollbracht, die Arbeit getan und Mamas linker Fuß dick angeschwollen.
»Ich muß euch eine Freude machen«, sagte Georg, »fahren wir an den Tegernsee.«
Müde winkte Anna ab, zeigte auf ihren Fuß, schüttelte den Kopf. Aber das half ihr nichts. Wir fuhren!
In Rottach-Egern gab es ein einzigartiges Café, das Jaedicke. Seine Besitzer, ausgebombte Berliner, hatten nach dem Krieg in ihrem Landhaus eine Konditorei eingerichtet. Die damals schon nicht mehr junge Frau Jaedicke stellte sich selber in die Backstube und buk Baumkuchen,

ihre Spezialität. Sie fand einen begnadeten Konditor, den Karl, einen Sachsen, übergab ihm die alten Rezepte für Streusel- und Mohnkuchen und viele andere und verwandelte ihre vornehme Villa in ein ebenso vornehmes kleines Café, ein Eldorado für Eingeweihte. Leider beging sie, nach dem Tod ihres Mannes, den Fehler, einen zwanzig Jahre Jüngeren zu heiraten. Was die Jahre nach ihrem Tod, was die Vertreibung der eigentlichen Erben, ihrer Kinder, und die Übernahme dieses Kleinods durch Fremde, bar jeglichen Geschmacks, daraus gemacht haben, läßt sich heute besichtigen.

Auch an jenem Nachmittag betraten wir den behaglichen Raum, in dessen Mitte ein langes Kuchenbuffett stand, und versanken in tiefe Sessel, umgeben von wertvollen Möbeln, Gemälden und Teppichen. Ich schlang drei Stück Torte heißhungrig in mich hinein, essen hatte ich ja inzwischen gelernt.

Mama, viel zu kaputt, unfähig zu allem, brachte nur mit Mühe ein wenig hinunter.

»Annerl«, flehte Georg, »sag, womit ich dir eine Freude machen kann.«

Mama zeigte ihm die kalte Schulter, schmollte und ließ sich schließlich widerwillig herbei zu erklären:

»Ich möchte einen neuen Hut.«

Georg unterdrückte das »schon wieder« und stimmte zu.

Am nächsten Tag traf der Finanzbeamte ein. Anna zitterte. Was sollte sie antworten, was erklären, wenn der Schwindel herauskam? Sie setzte all ihren Charme ein, versuchte, das Beamtenhirn zu vernebeln und brachte zustande, daß der vertrocknete Prüfer nach einer Woche wieder abzog, ohne das Geringste beanstandet zu haben. Danach ging sie zur Modistin.

Sie führte uns ihren neuen Hut vor, während wir beim Mittagessen saßen. Das hätte sie nicht tun sollen. Papa und ich prusteten die Suppe quer über den Tisch und lachten, daß die Teller überschwappten.
Unsere süße, kleine Anna hatte sich ein Wagenrad voller Blumen gekauft, das sie förmlich erdrückte.
»Was lacht ihr denn so blöd? Ist der Hut vielleicht nicht schön?«
»Doch«, juchzten wir, »der Hut schon.«
Ehe Mama beleidigt aufbegehren konnte, beschwichtigten wir sie:
»Du auch, du auch. Nur ihr beide zusammen!«
Wir konnten vor Lachen nicht reden.
Wütend riß Anna sich das Monstrum vom Kopf und stürmte aus dem Zimmer.
Über den Hut fiel kein Wort mehr, bis er uns, eines Tages, umgearbeitet, während wir Kaffee tranken, erneut begegnete. Er hatte sich seltsam verändert, verkleinert, in die Höhe verschoben. Die Blumen wuchsen nun nicht mehr flach, sondern nach oben, wo sie gleichsam einen Turm bildeten, auf dessen Spitze ein Vogel thronte. Anstelle der Suppe prusteten wir den Kaffee über den Tisch. Anna brach in Tränen aus, nannte uns rücksichtslos und uncharmant und sprach uns jegliches modische Verständnis ab. Der Hut entschwand erneut unseren Blicken. Es dauerte Wochen, bis wir ihn wiedersahen, Frühling und Sommer waren ins Land gegangen und der Herbst gekommen. Anna stand da mit einer Art Kreissäge auf dem Kopf, ohne jeden weiteren Schmuck. »Entblättert«, konstatierte mein Vater, »kahl und doof.«
»Richtig, sehr richtig! Aber als er schick war, da habt ihr ja schallend gelacht! Ich lasse ihn umarbeiten.«

Es wurde Winter. Während draußen dicke Flocken vom Himmel fielen, eröffnete uns Anna, daß der Hut, ein Strohhut übrigens, nun seine endgültige Fassung erhalten habe. Wenn wir versprächen, nicht zu lachen, würde sie ihn uns vorführen. Wir versprachen es. Anna verschwand hinauf ins Schlafzimmer. Gespannt warteten wir und vergaßen unser Versprechen sogleich, als sie ins Zimmer trat. Anfangs sahen wir den Hut gar nicht, erst als sie sich umdrehte, fanden wir auf ihrem Hinterkopf ein winziges Käppchen.

»Klebst du es an?«, platzte Papa heraus.

»Soll das ein Hut sein?«, schrie ich.

»Das ist aus dem Wagenrad voller Blumen geworden?«

»Weißt du noch , wie sie mit dem Turm dastand?«

»Mit dem Vogel oben drauf!«

»Und erinnerst du dich an die doofe Kreissäge?«

»Und jetzt ist das alles zu einem Kapuziner-Kappi zusammengeschrumpft.«

Wir lachten und schrien uns die Bemerkungen zu und amüsierten uns köstlich, als Anna sich plötzlich wütend den Rest des einstigen Modells vom Kopf riß, die Ofentür öffnete und den Hut ins Feuer schleuderte.

»Darf ich fragen«, sagte Papa, »wieviel mich der Spaß insgesamt gekostet hat.«

»Nein, das darfst du nicht«, antwortete Anna und rauschte hinaus.

»Ich glaube«, sagte mein Vater, »sie ist ernsthaft beleidigt. Was mach' ich bloß?«

»Kauf ihr einen neuen Hut«, schlug ich vor.

Das Jahr 1954 kündigte sich mit dem Läuten der Kirchenglocken und dem Knallen von Raketen und Feuer-

werkskörpern an, die abzuschießen man sich langsam wieder leisten konnte. Anna öffnete um Mitternacht die Fenster im ganzen Haus, unbekümmert um Kälte und Frost, um das neue Jahr hereinzulassen.
Am Frühstückstisch wünschten wir uns »ein glückliches neues Jahr«, und wenn man genau hinhörte, spürte man die leise Unruhe heraus, die jeden von uns dabei bewegte.
Der Winter ging zu Ende, der Frühling brach an. Auf den Straßen schmolzen die hohen Schneeberge, die Amseln sangen bereits um vier Uhr morgens aufgeregt in den Kastanienbäumen des Gesellenhauses und auf den Dachfirsten der Häuser in der Jugendstraße.
Eines Tages kam ich von der Schule nach Hause und fand Mama im Wohnzimmer zusammen mit einem fremden Mann. Er war unglaublich schön und sprach mit seidig weicher Stimme auf meine Mutter ein, die ihm andächtig und mit verträumten Augen zuhörte.
Ich bekam kein Mittagessen, wurde nur gebeten, mich zu ihnen zu setzen.
»Und da a Bleamerl und da a Bleamerl«, sagte der Mann und schilderte ausführlich Bergtouren, alle nur erdenklichen Bergtouren. Seine Berge waren voller Almen und friedlich weidender Kühe mit bimmelnden Glocken und vor allem voller Bleamerl. Zwischendurch machte er Anna Komplimente über ihre Schönheit, ihre äußere und ihre innere, schwärmte von ihrer Herzenswärme und -güte, davon, daß sie die wunderbarste Frau wäre, der er je begegnet sei, und meinte, daß er ihr unbedingt seine Berge zeigen müßte. Mich schloß er mit einer weiten Handbewegung ein. Für ihn stellte ich einen Teil dieser wunderbaren Frau dar. Auch ich sollte all die Berge und all die Bleamerl sehen. Er verließ uns, kurz ehe Papa nach

Hause kam. Anna mußte sich mit der Zubereitung des Abendessens beeilen.
»Sag mal«, fragte ich, »was war denn das für einer?«
»Ich weiß nicht recht«, antwortete sie, »er ist gekommen, um uns eine Versicherung anzudrehen. Aber dann hat er darauf vergessen und ganz andere Sachen geredet.«
»Das habe ich gehört. Seit wann interessierst du dich denn so für Berge?«
»Ich? Ich interessiere mich nicht dafür.«
»Aber du hast doch ganz verklärt zugehört.«
Mama lachte und schwieg.
Als ich am nächsten Tag von der Schule kam, saß da schon wieder der Fremde.
Anna reagierte erbost, als ich ihn, nachdem er endlich gegangen war, den »Bleamerl« nannte. Sie sagte, er sei sehr schön und sehr edel.
Nur – so edel blieb er nicht. Ich fand ihn tags darauf, mit meiner Mutter am Fenster stehend, seine Hand auf ihrem runden, festen Popo. Sie hatten mich nicht kommen hören. »Heute keine Bleamerl?« fuhr es mir heraus.
Ehe ich mich ducken konnte, landete Mamas Hand in meinem Gesicht. Der Bleamerl sah sie entsetzt an. Ich fühlte mich voll im Recht und begehrte auf. Während Anna und ich uns anschrien, machte er sich schnell davon. Soviel wilden Lärm ertrug seine zarte Seele nicht.
Mama sah nicht ein, daß ich über ihre Treue ebenso wachen mußte, wie einst über die von Papa, als die häßliche Juliane ihn hatte verführen wollen.
»Geh«, verteidigte sie sich, »was du mir andichtest. Mitleid hab' ich mit ihm gehabt. Er ist gekommen, um eine Versicherung abzuschließen.«
»Darauf hat er schnell und gründlich vergessen.«

»Ja, das hat er. Und es hat mir gut getan. Das kannst du nicht verstehen, dazu bist du zu jung. Für ihn war ich jedenfalls mehr als Putzfrau, Köchin, Sekretärin, Telefonistin, kurzum, mehr als der Haustrampel, den dein Vater in mir sieht.«
»Aber komisch war er doch.«
Mama dachte eine Weile nach, dann sprangen kleine Lachfalten in ihrem Gesicht auf.
»Ja«, sagte sie, »saukomisch. Lauter Berge – und alle voller Bleamerl! Und wir hätten hinauflatschen müssen! Furchtbar.« Wir lachten, bis Papa nach Hause kam. Dann erzählten wir ihm vom Bleamerl.

Wenn mein Vater Eifersucht verspürt haben sollte, ließ er sie sich jedenfalls nicht anmerken. Er gewährte Anna in jeder Beziehung viel Freiheit, ließ sie allein Theater, Oper und Kino besuchen, wann immer sie wollte, und forderte dafür nur für sich das Recht, im Winter am Wochenende zum Skifahren gehen zu können. Organisierte Busfahrten in die Skigebiete kamen auf, Papa nutzte die Angebote. Wir genossen die geruhsamen Stunden, in denen seine Unruhe uns nicht jagte, eine Unruhe, die ihn kein Wochenende zufrieden zu Hause verbringen ließ. Vielleicht spürte er, daß sein Leben kurz bemessen war, daß er es schnell voll auskosten mußte. Er war ein Getriebener und litt unter dem Getriebensein.
In diesem Frühjahr erklärte er plötzlich, daß er es satt habe, samstags und sonntags ziellos herumzufahren auf der Suche nach einem stillen Platz am Waldrand oder an einem See. Ein eigenes Grundstück müsse her, auch wenn wir nicht genug Geld dafür besäßen. Er wolle ja keinen Baugrund, nur einen Wochenendplatz.

Im März begann die Suche, an einem naßkalten, düsteren Apriltag nahmen wir »unseren Garten« zum ersten Mal in Augenschein.
Wir hatten eine strapaziöse Fahrt kreuz und quer durchs Isartal hinter uns, hatten überall gefragt, Bauplätze besichtigt, Preise gegeneinander abgewogen, überlegt, beraten und verworfen und gerieten am Rand eines Dorfes nahe bei München zuletzt an einen gerissenen Ganoven, dem wir prompt auf den Leim gingen. Voller Begeisterung tappten wir in das allergrößte Fiasko hinein. Und das nur deshalb, weil uns ein kahler Fleck Wiese sofort für sich einnahm.
Es handelte sich dabei um die letzte freie Parzelle eines Streifen Landes, der sich, vom Haus des ehemaligen Besitzers oben an der Straße, hinunterzog quer durch Wiesen und Felder. Über sie hinweg sah man im Süden den Wald und dahinter die Berge, nach Norden hin das Dorf mit seinen Bauernhöfen und dem klobigen Kirchturm. Der Preis lag etwas unter dem für Bauland, weil es sich um Wochenendplätze, um sogenanntes Gartenland handelte, wie der Verkäufer, ein ehemaliger Verlagsdirektor, erklärte, der mit dem Verlust all seiner Habe für die Nazivergangenheit büßte. Hier hatte er einst seine Pferdekoppeln gehabt.
Zwischen den einzelnen Plätzen zogen sich Maschendrähte, nach Norden und Süden begrenzte die Grundstücke ein Holzzaun. Im Süden wuchsen winzige Omorica-Fichten, die die schüchterne Hoffnung erweckten, daß sie einmal eine stattliche Hecke bilden würden. Im Norden hatte der Verkäufer Obstbäume anpflanzen lassen, die wir selbstverständlich bezahlen mußten. Bei dem Gärtner muß es sich um einen seltenen Narren gehandelt

haben – oder um einen ausgemachten Schurken, der unbrauchbare Ware loswerden wollte. Er setzte nämlich auf die windige, kalte oberbayerische Hochebene hochempfindliche, überzüchtete Bäumchen, von denen die Hälfte bald einging, während der überlebende Teil erst nach Jahren der Anpassung an die unwirtliche Gegend unwillig ab und zu ein paar Äpfel und Zwetschgen hervorzubringen bereit war.

Wir schauten uns um, sahen das gelbe, verfilzte Gras, da und dort ein Holzhäuschen auf einer Parzelle, und fühlten eine heftige Liebe in uns aufsteigen und das Verlangen, hier zu bleiben, umzugraben und anzupflanzen.
»Sind Gartenhäuser genehmigungspflichtig?«, wollte Papa wissen.
»Aber nein«, beschwichtigte ihn der Verkäufer. »Alles, was unter zwanzig Quadratmeter groß und nicht fest mit dem Boden verbunden ist, dürfen Sie bauen. Sie können das in den Bestimmungen der Bayerischen Bauordnung nachlesen.«
Er hatte sie auch gleich parat, zog eine Fotokopie der betreffenden Textstelle aus der Tasche, ließ meine Eltern kurz Einblick nehmen und überzeugte sie schnell davon, daß die Auskunft stimmte.
Also wurde über den Quadratmeterpreis verhandelt. Er betrug vier Mark. Einige Wochen später unterschrieb Papa den Kaufvertrag. Die Hälfte des erforderlichen Betrages konnte er selbst aufbringen, den Rest lieh ihm ein Freund.
Der Garten, wie wir unser Grundstück nannten, brachte meine Eltern erstmals in ihrem Leben in Schulden. Weil sie sich nicht noch mehr davon aufbürden wollten, gab

Papa anstelle des Häuschens erst einmal den Vorplatz zu einem solchen in Auftrag. Dieser Vorplatz sollte gerade so groß sein, daß wir genügend Geräte unterbringen konnten und bei schlechtem Wetter einen Unterschlupf fänden, zwei Meter breit und drei Meter lang. Damit wir einen windgeschützten Winkel erhielten, sollte der Bauschreiner eine halbhohe Bretterwand anfügen.
Der Wind nämlich fegte nur so hinweg über unsere Wiese. Im Süden, dort, wo die kleinen Fichten standen – wir, Mama und ich, nannten es vorn, Papa hingegen hinten, weil für ihn vorn da war, wo das Gartentor sich befand –, hingen wir Decken über den Zaun, der uns vom Nachbarn trennte, schlugen zwei Ami-Feldbetten auf und verbrachten die ersten Wochenenden hauptsächlich mit drei Rechen, die der P 4 hin und zurück beförderte, um das alte, gelbe Gras aus der buckeligen Wiese zu rupfen. Papa hatte vor, sie zu planieren. Er tat es später auch und plagte sich unsäglich dabei.
»Das Wichtigste«, sagte Papa, »ist eine Hecke, eine Hecke hält den Wind ab.«
Wir wollten nicht vorgehen wie Leute, die keine Ahnung hatten! Mama besorgte aus der städtischen Leihbücherei Stöße von Gartenbüchern und forderte haufenweise Prospekte von Gartenversandhäusern an. Das Studium derselben erforderte viel Zeit.
»Weißdorn«, las Anna vor, »eignet sich bestens für eine Hecke. Zwar riechen die Blüten etwas penetrant, dafür entwickelt sich die Pflanze unglaublich schnell und Vögel nisten gerne in ihrem dichten Geäst. Gegen Diebe sichert die Weißdornhecke mit ihren langen Dornen Ihren Garten auf natürliche Weise ab.«
Nach endlosen Debatten gelangten wir einstimmig zu der

Ansicht, daß das genau das richtige für uns sei. Mama errechnete, daß wir zweihundertfünfzig Pflanzen bräuchten. Nur in diesem Jahr war kein Drandenken mehr, sie zu setzen. Weißdorn, stand zu lesen, pflanzt man am besten im Frühjahr, möglichst im März, ehe die Blätter ausgetrieben haben.

Wir hatten ohnehin genug anderes zu tun. Sobald die winzige Hütte stand, kaufte Papa Gartengeräte, Spaten und Gabeln, Harken und Rechen fürs Laub und noch zusätzlich welche fürs Gras, eine riesige Schaufel und einen Pickel, große und kleine Scheren, obwohl weit und breit noch nichts zum Abschneiden vorhanden war, und viele kleine Werkzeuge. Daß er außerdem noch die Feldbetten, einen Gartentisch, ein Schränkchen fürs Geschirr, eine Stellage für den Propangaskocher und die Propangasflasche, Sonnenschirm, Decken und Kissen in diesen sechs Quadratmetern unterbrachte, grenzte an ein Wunder. Mein Vater war ein Genie im Einrichten, im Hinein- und Aufeinanderschlichten. Zu Hause oblag es ihm, den Wäscheschrank einzuräumen, bei Mamas Schränken fiel einem, kaum daß man die Tür öffnete, schon alles entgegen.

Die Freude an dem Häuschen war groß und währte genau vierzehn Tage.

Es kam ein Strafbefehl wegen unerlaubten Aufstellens eines Wochenendhauses. Meine Eltern wurden aufgefordert, unverzüglich dreißig Mark zu bezahlen oder eine Haftstrafe von sechs Tagen zu verbüßen. Außerdem wurde der Bezirksverwaltungsbehörde die Befugnis zur Beseitigung des ungenehmigt errichteten Bauwerks zuerkannt. Das Blatt trug als Datum den 20. August 1954.

Aufregung schüttelte uns. Auf die Idee, einen Rechtsanwalt zu nehmen, kamen meine Eltern nicht. Sie legten am 19. September Einspruch gegen den Strafbefehl ein und erklärten, daß sich das Sommerhäuschen im Rahmen der nicht planpflichtigen Bauten halte und solche auf dem erworbenen Grundstück aufgestellt werden dürften. Das sei aus den Bestimmungen der Bayer. Bauordnung zu ersehen.
Eine »Ladung des Angeklagten« erfolgte. Nebel hing über dem Land, wie im Frühling, wie an dem Tag, an dem wir das Fleckchen Erde gekauft hatten. Mein Vater fuhr mit seinem P 4 hinaus in die Kreisstadt, zum Amtsgericht.
Blaß verließ er das Haus, eingefallen und grün im Gesicht kehrte er zurück.
Das Gericht hatte ihn schuldig gesprochen. Die Bestimmungen der Bayer. Bauordnung fanden nicht überall die gleiche Anwendung, das Häuschen sollte sofort abgerissen werden. Ja, man stellte sogar in Frage, ob er überhaupt rechtmäßiger Besitzer des Grundstücks sei, ob man die Eintragung ins Grundbuch würde vornehmen können, ob er eine sogenannte landwirtschaftlich genutzte Fläche hätte erwerben dürfen.
Wie ihm erging es all unseren Nachbarn, lauter rechtschaffenen, kleinen Leuten.
Bittgesuche, Eingaben, erneute Prozesse. Ein Rechtsstreit von sage und schreibe zehn Jahren folgte. Und dabei drehte es sich immer um die Errichtung eines Wochenendhauses. Daß das Gebäude nur sechs Quadratmeter umfaßte, spielte für das Gericht keine Rolle, ganz im Gegenteil. Georg hatte, unvorsichtigerweise und um das seltsame Aussehen des Häuschens zu entschuldigen, ge-

äußert, er hätte ja eigentlich noch anbauen wollen. Also ging man von einem Zustand aus, der zwar nicht war, der aber hätte sein können.
Meinem Vater bescherten die Aufregungen erneute Magengeschwüre, den Gerichten viel Geld für vereinnahmte Strafen und Prozeßkosten.
Das Hüttchen blieb schließlich »auf Widerruf« stehen.
Das Verhalten der Behörden war und ist geradezu schizophren. Denn der Staat verdiente und verdient prächtig an uns, besitzt dieses nun ein viertel Jahrhundert alte Holzhaus in seinen Augen doch einen Einheitswert von fünfhundert Mark, demgemäß es auch besteuert wird. Das Grundstück wird selbstverständlich als Wochenendgrundstück besteuert, auch wenn es laut anderen amtlichen Schreiben gar keines ist! Das Entleeren der nicht vorhandenen, weil überflüssigen Mülltonne einmal wöchentlich wird ebenfalls in Rechnung gestellt. Kein Wochenendhaus ohne Mülltonne! Keine Gemeindeverwaltung ohne ausgeklügeltes System, den Bürger zu schröpfen, selbst wenn es wie die größte Narretei erscheint.

Georg reagierte tief unglücklich, deprimiert, verzweifelt und voll des ohnmächtigen Hasses auf das, was der Staat ihm dafür antat, daß er gewagt hatte, auf ein mit schwer verdientem Geld erworbenes Stück Land ein kleines Hüttchen, das niemanden störte, zu stellen. Wir verdankten es nur der Zuversicht und Heiterkeit Annas, daß der Garten – trotz bleibender Angst um den Unterschlupf – für uns eine Quelle der Freude wurde.

Sobald der Sommer zur Neige ging, brach die Pflanzwut aus, galt es doch, möglichst schnell Windschutz und

Schatten zu bekommen. Weil wir wenig Geld besaßen, mußten die umliegenden Wälder mit herhalten.
»Es ist verboten«, mahnte Mama, »außerdem schleppt ihr womöglich den Borkenkäfer ein.«
Uns rührte das nicht. Wir fuhren herum, bewaffnet mit zwei Spaten, und gruben als erstes drei bildhübsche kleine Birken aus, die wie ein Bündel zusammenstanden.
»Birken«, sagte Anna, »brauchen viel Wasser. Sie nehmen es den anderen Pflanzen weg.«
Und wenn schon! Ungesehen von Forstbeamten und Polizisten hatten wir sie ausgegraben, mit viel Hau-ruck glücklich in die Kiste des P4 gehievt, vorsichtig über Feldwege gefahren. Jetzt würden wir sie in unserem Garten wieder eingraben. Papa hub ein Riesenloch aus, goß kübelweise Wasser hinein und dann pflanzten wir: wir drehten und wendeten die Birken in dem Loch, paßten auf, daß keinem Würzelchen etwas geschah, betrachteten die kleinen Bäume von allen Seiten, beließen sie schließlich in der Stellung, wie sie uns am besten in die kahle Landschaft unserer Wiese zu passen schienen, schütteten Erde auf, traten sie fest und wußten auf einmal, was es heißt, einen Baum zu pflanzen.
Eine Eberesche folgte, weil Ebereschen schnell wachsen sollten, wie Anna uns vorlas. Danach eine Buche, weil der kühle Schatten ihrer dichten Krone uns gegen Hitze schützen würde. Anna las – wir pflanzten.
Im September traf ein Sortiment Sträucher ein, Blütensträucher, zarte Gebilde, viel zu zart für unser rauhes Klima, an das sie nicht gewohnt waren. Wir begingen den Fehler, uns alles aus warmen Gegenden schicken zu lassen.
Die Kataloge der dort angesiedelten Gärtnereien sahen

viel verlockender aus, als die bayerische Wirklichkeit. Wir gruben, pflanzten und schwitzten und Mama flüsterte die Segenssprüchlein; denn ohne guten Zuspruch, meinte sie, gedeiht keine Pflanze.

Das Wühlen in der Erde, in die mein Vater und ich bis zu den Ellbogen begeistert hineingriffen, lenkte mich ab von der tiefen Unruhe, die mich ergriffen hatte und deren Ursache mir schlagartig bewußt geworden war.
Auf Kortners »Faust«-Inszenierung folgte »Julius Cäsar«. Brüdern spielte den Brutus, und während er hoch oben von einem Holzpodest herab seine Rede an die Römer hielt und mit seiner eigenartigen Stimme, die mich tief anrührte, die Sätze sprach:
»Römer! Mitbürger! Freunde! Hört mich meine Sache führen und seid still, damit ihrs hören möget« . . .
zuckte in mir – plötzlich – in aller Klarheit – der nie gedachte, nie bewußte Satz auf: »Ich liebe ihn«. Jahrelang hatte ich Brüdern gesehen, hatte Geschichten und Klatsch über ihn und sein Leben gehört. Und nun, wie ein Blitz aus heiterem Himmel, dem nur seinerzeit, während der »Faust«-Aufführung, ein kurzes Wetterleuchten vorangegangen war, überfiel mich die Liebe, überfiel mich jenes Gefühl, das mir ein fremdes, neues blieb, so oft es später auch wiederkehren mochte.
Als mich diese Tollheit erstmals überkam, war ich gerade fünfzehn Jahre alt geworden und besuchte die dritte Klasse der Mittelschule, der noch immer Mater Brunhilde als Klaßleiterin vorstand. Während ich äußerlich ruhig im Parkett des Residenztheaters saß, brachen Leid und Weh der ersten Liebe über mich, die so gänzlich Unvorbereitete, Ungeschützte, herein. Und Nöte und Probleme einer

platonischen Liebe stehen einer anderen in nichts nach, sind grausamer vielleicht noch, vor allem, wenn man jung und unerfahren ist und nicht gelernt hat, mit sich und seinen Gefühlen umzugehen.
Es meinen Mitschülerinnen gleichzutun, für irgendjemanden, vorzugsweise Vico Torriani, zu schwärmen, in einem Starclub eingeschrieben zu sein und Bilder und Autogramme zu sammeln, lag mir nicht.
Ich schwärmte nicht, ich liebte. Mein Gefühl war etwas gänzlich anderes als Schwärmerei. Ich empfand kein Glück dabei. In mir nagte ein brennender Schmerz, über mich brach das Leid der Welt herein, und ich glaubte, es ganz allein auf meinen Schultern tragen zu müssen.

Viel anfangen konnte man nicht mehr mit mir, weder zu Hause, noch in der Schule, wo sich überdies ein neues Verhängnis anbahnte.
Brunhilde erteilte auch Rechenunterricht. Schulaufgaben ließ sie in zwei Gruppen schreiben, verschiedene Aufgaben standen zu lösen, jeweils für Reihe A und Reihe B. Reihe A enthielt die Mädchen, die hintereinander in der Nähe der Wand saßen, Reihe B die daneben und so weiter. Die Zusammenarbeit mit der Nachbarin wurde somit unterbunden, nicht jedoch die mit dem Vorder- oder Hintermann.
Ich bildete ein Team mit dem Mädchen vor mir. Wir arbeiteten ausgezeichnet zusammen. Nach jeder Teilrechnung schob Marthaauf einen kleinen Stips meines Bleistiftes in ihren Rücken, ihr Blatt nach außen an den Pultrand. Ich verglich die Ergebnisse mit den meinen und flüsterte im positiven Fall, kurz und schnell »ja«.
Probleme tauchten auf, wenn die Zahlen differierten.

Nach der Einleitung »das hab' ich nicht«, mußten mehrere Sätze hin- und hergeflüstert werden, um den Fehler zu finden. Einmal waren wir gerade mitten im Reden, als Brunhilde uns hörte. Ich hatte zuletzt gesprochen.
»Wer hat geflüstert?«, fragte sie.
Schweigen.
»In dieser Ecke ist geflüstert worden«, sie walzte auf uns zu.
Wir sahen gerade vor uns hin. Brunhilde konzentrierte ihren Verdacht auf mich und das Mädchen neben mir.
»Du warst es«, sagte sie zu mir.
»Nein«, setzte ich entgegen.
»Wer hat dann gesprochen?«
»Niemand, Mater.«
»Das ist nicht wahr, hier ist gesprochen worden, ich habe es gehört. Wenn du es nicht warst, war es deine Nachbarin.«
Edith beteuerte ihre Unschuld, mich beschuldigte sie nicht.
»Wer gesprochen hat, erhält für diese Schulaufgabe die Note sechs«, drohte Brunhilde.
Das konnte ich mir nicht leisten. Mein Zweier im Rechnen stand ohnehin auf schwachen Füßen. Etwas Schlechteres als Zweier akzeptierten meine Eltern nicht.
Also blieb ich stur und behauptete, nicht gesprochen zu haben. Edith ihrerseits bestand ebenfalls darauf. Brunhilde fand keine Möglichkeit weiterzukommen, denn die Mädchen ringsum erklärten, nichts gehört zu haben.
»Dann bleibt mir nichts anderes übrig, als daß ihr die Sache beschwört«, entschied Brunhilde. »Morgen früh. Über Nacht könnt ihr darüber nachdenken.«
Auf dem Nachhauseweg, in der Straßenbahn, rückten die

anderen von mir ab. Alle wußten, daß ich es gewesen war. Würde ich morgen einen Meineid schwören?
Mühsam überstand ich das Mittagessen und den Nachmittag, gegen Abend schlotterte ich förmlich vor Angst. Daß meine Eltern nichts davon merkten, war nur darauf zurückzuführen, daß sie selber Ärger und Sorgen hatten, sei es mit einer aufgeregten Frau, die, nachdem die Maler abgezogen waren, wütend meine Mutter anrief und ihr erklärte, »es stehe jetzt auf«, sei es, daß die Gesellen wieder einmal mehr Lohn verlangten und darauf hingewiesen hatten, was alles ihnen laut Gewerkschaftsforderung zustünde, oder daß vom Finanzamt eine Aufforderung zur sofortigen Nachzahlung der Gewerbe- oder Einkommensteuer gekommen war.
Nach dem Abendessen, allein in meinem Zimmer, rang ich mich zu einem Entschluß durch: ich würde morgen einen Meineid schwören. Der liebe Gott mußte ein Einsehen haben! Aber, um diese Todsünde ein wenig abzuschwächen, schlug ich dem Himmel ein Geschäft vor: ich wollte hundert Vaterunser beten und hundert Gegrüßetseist-du-Maria, die Hälfte gleich heute, die andere morgen, nach dem Schwur. Diese Idee beruhigte mich ungemein. Auf der Stelle fing ich an zu beten. Die Sache nahm viel Zeit in Anspruch. Spät erst schlief ich ein und sah am anderen Morgen bleich und mitgenommen aus. Bleich und mitgenommen wirkten auch Edith und Brunhilde.

Die Nonne ließ uns nicht zu Anfang der Unterrichtsstunden, sondern erst gegen Mittag, kurz vor dem Nachhausegehen, vortreten. Sie befragte Edith und mich noch einmal, wer gesprochen habe.
Wir erklärten, daß wir es nicht gewesen seien.

»Also! Ihr habt es so gewollt, ihr müßt schwören.«
Wie der Schwur vonstatten ging, habe ich vergessen, hätte es wahrscheinlich auch zehn Minuten danach nicht mehr sagen können, ich war zu aufgeregt.
Aber ich schwor tapfer meinen Meineid. Fünfzig Vaterunser und fünfzig Gegrüßet-seist-du-Maria hatte ich gebetet, die anderen würden heute abend folgen, meinen Frieden mit dem Himmel hatte ich gemacht.
Edith schwor ebenfalls.
Brunhilde erbleichte: »Jetzt hat eine von euch einen Meineid geschworen«, sagte sie und wankte aus dem Raum. Meine Nerven hielten noch die Strapazen der Heimfahrt durch, ließen mich, wie jeden Tag, mit Paula nach dem Verlassen der Straßenbahn heiter plaudernd bis zur Ecke der Jugendstraße kommen, wo sich die Freundin schneller als sonst verabschiedete, und brachen erst beim Mittagessen zusammen. Laut auf schluchzte ich in die Suppe.
Selbst auf die Gefahr hin, daß Papa mich ungeheuer verdreschen würde, breitete ich die schreckliche Geschichte vor meinen Eltern aus, die ganz anders reagierten, als ich erwartet hatte.
Meines Vaters Gesicht färbte sich puterrot, erzürnt sprach er von einer Ungeheuerlichkeit, nannte Brunhilde die dümmste Kuh, die man je auf Kinder losgelassen habe, und wollte augenblicklich hinausfahren nach Berg am Laim.
»Schorschi«, rief Mama, »das darfst du nicht! Vergiß nicht, es sind Kunden von uns.«
»Das ist mir ganz wurscht, lieber verlier' ich sie, als daß ich erlaube, daß man einen derartigen Blödsinn mit meinem Kind treibt. Da hört sich doch alles auf.«
»Sie hat aber geflüstert, und das durfte sie nicht.«

»Gewiß, das hat sie und dafür fangt sie auch noch ein paar. Aber das ist kein Grund, ein Kind einen Eid schwören zu lassen. Soll diese Landpomeranze doch zurück in ihren Stall, wenn sie nicht imstande ist, anders die Wahrheit herauszufinden.«
Mama gelang es, Georg davon abzuhalten, sofort seinem Unmut an Ort und Stelle Luft zu machen. Er beschloß, die Sache zu überschlafen.

Am nächsten Tag betrat Leokadia überraschenderweise um acht Uhr unser Klaßzimmer, teilte mit, daß sie ab sofort den Unterricht von Mater Brunhilde übernehmen würde, gab keinerlei Auskunft darüber, warum, sondern fing unverzüglich an zu arbeiten.
Von den Internen, die mehr Kontakt zu den Nonnen hatten und mehr Klatsch innerhalb des Klosters erfuhren, hörten wir, daß Brunhilde ein Schlagerl gestreift hatte.
»Recht geschieht ihr«, kommentierte mein Vater.
»Schorschi, versündige dich nicht«, mahnte Mama.
»Jetzt aber«, erklärte Papa, »erhältst du die Watschn, die dir für die Sache, vor allem dafür, daß du gelogen hast, zukommt.«
Schnell und lange nicht so schmerzhaft wie sonst, landete seine Hand in meinem Gesicht.
Damit war die Angelegenheit für mich erledigt. Ich konnte mich wieder meinen ungestümen Liebesgefühlen zuwenden und stundenlang, mit einem Schulbuch vor der Nase, vor mich hinträumen, mir Geschichten ausdenken, schöne, sehr sentimentale Geschichten, alle mit einem Happy End, das mich in den Armen Gerd Brüderns zeigte.
Kein Wunder, daß meine Leistungen in der Schule nach-

ließen. Niemand wußte warum, niemand erfuhr es. Als Ventil diente mir ein Tagebuch, das ich erst spät in der Nacht, wenn ich sicher sein konnte, daß meine Eltern schliefen, herausholte, um einzutragen, welche Stürme in mir tobten. Ich hielt darin fest, was ich aus Gesprächsfetzen in Unterhaltungen meiner Eltern mit Leuten vom Theater, die leider viel seltener als früher zu uns kamen, über Brüdern erfuhr.

Plötzlich entwickelte ich das seltsame Bedürfnis, häufig, kurz vor dem Abendessen, allein spazierengehen zu wollen, immer dann, wenn Brüdern Vorstellung hatte. So schnell ich konnte, rannte ich die Maximiliansstraße stadteinwärts bis zur Marstallstraße und stellte mich an der Ecke, an der er mit dem Auto in den Bühneneingang einbiegen mußte, auf. Papa hatte mir, widerstrebend zwar, einen roten Tellerrock mit weißen Punkten drauf gekauft. Den trug ich jedesmal, in der Hoffnung, endlich aufzufallen. Brüdern gehörte zu jenen Schauspielern, die sich wenig um Vorschriften scherten, schon gar nicht darum, daß er eine Stunde vor Vorstellungsbeginn im Theater hätte sein müssen. Er hielt es für relativ früh, fünf Minuten zuvor einzutreffen. Daraus folgte, daß ich meinerseits, nachdem ich gesehen hatte, wie er da, wehenden Haares, mit offenem Verdeck in seinem VW-Zweisitzer daherbrauste, zu spät zum Abendessen kam. Für den Rückweg die Trambahn zu nehmen, konnte ich mir nur selten leisten. Ich erhielt eine Mark Taschengeld in der Woche!

Auf Schimpfen und Fragen meiner Eltern reagierte ich verstockt und hochmütig, und da sie keine Möglichkeit fanden, mit meinen pubertären Ungereimtheiten zurechtzukommen, antworteten sie mit Wut. Sie begingen den

Fehler, meine Verrücktheiten wichtig zu nehmen, anstatt abzuwarten, bis die Spinnerei sich von alleine legen würde.
Mama wollte um jeden Preis meine ungewohnte Schweigsamkeit, mein einsames abendliches Verschwinden und das Absinken meiner schulischen Leistungen ergründen.
Ich besaß ein verschließbares Holzkästchen. Papa hatte es mir zu einer Zeit, in der ich noch keine Geheimnisse zu hüten hatte, geschenkt, um gerade solche darin aufbewahren zu können. Nun barg es das Tagebuch, Fotos von Brüdern, Zeitungsberichte über ihn, Programmhefte mit seinen Bildern. Das Kästchen stand, sorgfältig versperrt, in meinem Zimmer, den Schlüssel trug ich immer bei mir. Eines Tages fand ich es erbrochen. Ich schwieg, aber das Gleichgewicht zwischen Anna und mir zerbrach. In all der Zeit, die wir in den Rollen von Mutter und Tochter miteinander zugebracht haben, hat sie nie zuvor und nie mehr danach einen derartigen Fehler begangen. Genau genommen war es ihr einziger, aber er war gewaltig, denn ich verlor das Vertrauen zu ihr. Sie hatte sich Zugang zu meinem sorgfältig gehüteten Geheimnis verschafft, wußte nun um Dinge, die ich gerade ihr niemals hätte enthüllen mögen. Ein rasender Haß auf meine Mutter ergriff mich.

Lernen hätte ich sollen, arbeiten für ein gutes Abschlußzeugnis, Berufswünsche hätte ich äußern müssen – nichts von alledem interessierte mich.
Ich las nächtelang schwülstige Bücher, »Die ungarische Rhapsodie« zum Beispiel, erfuhr daraus über die Liebe nur Abstruses, Bizarres, Ausgefallenes, beschäftigte mich

beinahe ausschließlich damit und wußte noch immer nicht, wie Mann und Frau sich wirklich vereinigen.
Da nützte es auch nichts, daß Papa mich in die wiedereröffneten Museen und in Ausstellungen mitnahm und mir ausführlich die Malerei eines Peter Paul Rubens erklärte, die Franz von Stucks und vieler anderer. Ich sah sie wohl, die Körper, die unterschiedlichen Geschlechtsteile, aber ich begriff nicht.
Meine Mitschülerinnen erzählten schlechte Witze, und weil sie lachten, lachte ich mit, ohne etwas zu verstehen. Zu Hause wiederholte ich dann eines Tages einen davon: »Der Herr Jesus ging nackt, mit einem Hut auf dem Kopf, durch die Wüste. Da begegneten ihm Martha und Maria. Der Herr hielt sich den Hut vor den Bauch, während er den Frauen mit beiden Armen zuwinkte und siehe da, der Hut blieb von alleine hängen.«
Schmunzelnd, wie das Mädchen, von dem ich ihn gehört hatte, erzählte ich und lachte anschließend herzhaft, genau wie die anderen gelacht hatten.
Meine Eltern erstarrten. Nach einer langen Pause sagte Papa: »Entweder du bist so dumm oder so schlecht.«
Sie fühlten sich ratlos und fanden nicht den Mut, mit mir über derlei zu sprechen. Sie klärten mich weder zu diesem, noch zu einem späteren Zeitpunkt auf, hofften wohl insgeheim, daß Literatur und Malerei das ihre endlich tun würden, fühlten sich einesteils erleichtert, daß ich so naiv geblieben war, und andernteils arg verunsichert durch Äußerungen von mir, bei denen es sich um Zitate handelte, deren Sinn ich nicht verstand, die ich aber dank eines außergewöhnlichen Gedächtnisses für alles, was ich gelesen oder auf der Bühne gehört hatte, exakt wiedergeben konnte.

Und bei alledem stand, unausgesprochen, die Sache »Brüdern« im Raum.
Da Mama mein Tagebuch kannte, wußte sie von den inzwischen stattgefundenen Begegnungen, die sich mir schon wenige Stunden danach so darstellten, wie ich sie mir erträumte. Meine blühende Fantasie brachte nicht die freundliche, desinteressierte Begrüßung seinerseits, die kurzen, harmlosen Gespräche, das höfliche, leicht abwesende Lächeln des Mannes und das schnelle Ende solcher Treffen aufs Papier, sondern schilderte lange, leidenschaftliche Stelldicheins.
Mamas Parfüm nahm ab, ihre Cremes, ihr Puder, ihr Lippenstift wurden weniger. Ich traf mein Idol jeweils in voller Kriegsbemalung. Brüdern ertrug meinen Anblick mit Fassung, Mama schwieg zu den Kosmetik-Diebstählen, wie zu allem, was mit dieser ersten Liebe zusammenhing. Auch später sprachen wir nie darüber.
Sobald es um Sex und Liebe ging, fühlten mein sonst manchmal geradezu tollkühner Vater und meine offene, ehrliche Mutter sich absolut hilflos.

Im Winter des Jahres 1955 – meine Schulzeit würde in fünf Monaten zu Ende sein – brachte das Residenztheater ein Stück mit dem Titel »Süden« heraus. Es gefiel mir ungemein und handelte von zwei Männern und einer Frau. Alle waren sie unglücklich, alle verliebt, ihr Gefühlswirrwarr entsprach gerade dem meinen.
Beim Verlassen des Theaters hörte ich Anna zu Georg sagen: »Meinst du, sie hat es verstanden?«
»Ach woher, nie«, antwortete er.
»Was hab' ich nicht verstanden? Natürlich hab' ich es verstanden. Was war denn da nicht zum Verstehen?«

»Dann ist es ja recht«, schloß Papa die Debatte.
Am nächsten Tag berichtete ich in der Schule von meinem Theaterbesuch. Die anderen hörten gierig zu. Als Leokadia, vor dem Läuten, die Klasse betrat, sprach ich weiter, denn sie wandte niemals etwas dagegen ein, wenn ich Stücke, die ich gesehen hatte, erzählte.
Plötzlich jedoch unterbrach sie mich scharf:
»Du warst in ›Süden‹? Mit Erlaubnis deiner Eltern?«
»Ja, Mater, die waren dabei.«
»Fortschrittlich, etwas zu fortschrittlich«, bemerkte die Nonne.
Warum nannte sie meine Eltern fortschrittlich? Ich grübelte nach und versuchte am Nachmittag aus meiner Mutter herauszuquetschen, was denn in drei Teufels Namen so Besonderes an diesem Stück sei. Mama errötete, stotterte, wand sich um eine Antwort herum, suchte unsicher Ausflüchte und rettete sich schließlich in das Versprechen:
»Wenn du achtzehn bist, sag' ich es dir.«
Wie hätte sie mir auch homosexuelle Liebe erklären sollen, wo ich doch noch nicht einmal eine Ahnung von der normalen hatte, und ihr für die eine Auskunft der Mut so gut fehlte wie für die andere.
Als ich an meinem achtzehnten Geburtstag gleich beim Frühstücken nach den Geheimnissen des Stückes »Süden« fragte, verschob Anna die Bekanntgabe derselben um weitere drei Jahre, auf meinen einundzwanzigsten Geburtstag.

Der Frühling ließ mich den Theaterbesuch vergessen, und die Frage meiner Berufswahl sowie die der Bepflanzung des Gartens in den Vordergrund rücken. Beide

Probleme lösten hitzige Streitgespräche aus. Unsere Temperamente waren für eine ruhige Erörterung nicht geschaffen.
Auseinandersetzungen zwischen Papa und mir waren inzwischen an der Tagesordnung. Langsam gelang es mir, gegen ihn aufzukommen. Es schien, als gewänne ich mit jedem Tag, den ich älter wurde, etwas von der Kraft hinzu, die nur er mir vererbt haben konnte.
Er schaffte es nicht, mir seine Vorstellung von meinem zukünftigen Leben einzureden. Sein Vorschlag, über eine Schneiderinnenlehre auf die Meisterschule für Mode zu kommen und schließlich die Akademie zu besuchen, um entweder Mode zu machen oder am Theater Kostüme, traf bei mir auf taube Ohren. Kostümbildnerin! Ich wollte doch nicht als Kostümbildnerin zum Theater! Schauspielerin wollte ich werden!
Als ich damit herausrückte, tobte mein Vater. Ob ich nun vollends übergeschnappt sei, wollte er wissen. Ob mir nicht reiche, was ich bei den Schauspielern, die wir kannten, sehe? Wie sie betteln müßten um ein Röllchen, ja, wie selbst die Großen zu kämpfen hatten. Wie um Himmels willen ich auf die Idee käme, mich dieser brotlosen Kunst zu verschreiben. Überhaupt, ich sei sowieso noch viel zu jung. Damit hatte er recht, das war ein schlagendes, nicht zu widerlegendes Argument.
Die Otto-Falckenberg-Schule, deren Direktor, um die Verwirrung zu vervollständigen, ausgerechnet Brüdern war, schrieb ein Mindestalter von achtzehn Jahren vor. Drei Jahre mit dem Herumwandern auf anderen Schulen zu überbrücken, wie das heute gang und gäbe ist, mit solchen Vorschlägen konnte man damals seinen Eltern nicht kommen. Nach Abschluß der Schule hatte man zu

arbeiten. Basta! Da würden einem die Flausen schon vergehen!
Also suchte ich nach einer Stelle im Büro. Mein Zeugnis wies, trotz nachlassender Leistung, außer den beiden Vierern für Englisch und Turnen, gute Noten auf. Ich schrieb Bewerbungen an Banken, Versicherungen, Regierungsstellen – nur dergleichen komme in Betracht, meinten meine Eltern, schließlich sollte ich von Anfang an so etwas wie eine Lebensstellung haben – jedoch umsonst. Eine Stelle als Anfangsstenotypistin oder -kontoristin zu finden, erwies sich als nahezu unmöglich. Nach jedem Absagebrief, den ich erhielt, verfielen Mama und ich in Depressionen und Papa zog spöttisch die Augenbrauen hoch und meinte:
»Siehst du, eine Lehrstelle als Schneiderin wäre sicher eher zu bekommen.«
Wir verdrängten das Problem, wenn mit gleicher Post ein neuer Gartenkatalog eingetroffen war.
»Hier steht etwas Aufregendes«, rief Mama, »Schattengewächse. Die müssen her! Wenn wir etwas wirklich brauchen, dann ist das Schatten.«
Die Schattengewächse trafen in einem nicht allzugroßen Paket zusammen mit zweihundertfünfzig Weißdornsträuchern ein und entpuppten sich, zu unserem Entsetzen, als knollenartiges Wurzelzeug. Auf dem Zettel, der beilag, stand dick gedruckt: Blüher im Schatten, höchstens in den Halbschatten zu setzen.
Wir holten alle drei tief Luft, um jeweils dem anderen den dummen Irrtum in die Schuhe zu schieben, bis wir schließlich lachend dem Vorschlag Papas zustimmten, vorne – vorne für uns, für ihn hinten – bei den Fichten ein nierenförmiges Beet anzulegen, ein Blumenbeet. Dorthin

wollten wir die Gewächse setzen. Vielleicht würden sie in ein paar Jahren von der Hecke ein bißchen Schatten erhalten. Allen Anweisungen der Verkäufer zum Trotz gediehen sie jedoch prächtig in der prallen Sonne, vermehrten sich und wuchsen heran zu üppigen Blütenbüschen. Ab und zu verschwanden einige spurlos, weil Georg sie beim Umgraben im Frühling als vermeintliches Unkraut wegwarf, was ihm ein gewaltiges Donnerwetter seiner Frau eintrug.

Für die Weißdornsträucher hatten wir links und rechts, entlang der Zäune zu den Nachbarn, tiefe Gräben ausgestochen. Wegen der winzigen Würzelchen an den kleinen Pflänzchen hätten wir uns so viel Arbeit nicht zu machen brauchen. »Besen« nannte sie ein Nachbar, der zusehend sich über den Zaun lehnte, und verwirkte sich mit dieser abfälligen, wenn auch zutreffenden Bemerkung auf immer die Sympathie meines Vaters. Dieser setzte mit viel Liebe jedes einzelne, höchstens dreißig Zentimeter hohe Stämmchen, das eine Krone aus dürren, struppigen Ästchen besaß, in die Erde, nachdem er ihm ein wenig Torfmull untergeschoben hatte. Anna murmelte die Segenssprüchlein.
Dem sprießenden Gras rückte Georg mit der Sense auf den Leib – es hörte sich wundervoll an, wenn er sie dengelte –, aber die bucklige, verfilzte Wiese wurde durch diese Behandlung nicht schöner. Also stürzten wir uns erneut in Unkosten. Wir kauften einen Handrasenmäher, solche mit Motor gab es damals noch nicht. Wer nie einen Handrasenmäher über eintausendfünfhundert Quadratmeter Wiese, die halt ist, wie sie vom Bauern kommt, geschoben hat, weiß nicht, was sich plagen heißt.

Da bedeutete es geradezu ein Glück, daß ich mich auch am Wochenende im Garten hinter Schulbüchern verschanzen konnte. Ich büffelte auf die Abschlußprüfung.

Wenige Wochen, ehe wir sie ablegten, verschaffte sich der Tod Eintritt in unsere Klasse und konfrontierte die meisten von uns erstmals mit seinem Schrecken.
Eigenschink Elvira hieß das Mädchen, das starb, und ich erinnere mich noch heute an sie, als hätte ich sie gestern zuletzt gesehen. Das ist um so seltsamer, als ich mich die ganze Schulzeit über wenig für dieses schmale, stille Geschöpf interessiert hatte. Gleich zu Beginn hatte man uns gesagt, sie sei krank, wir müßten auf sie Rücksicht nehmen. Ich tat das, indem ich sie nicht beachtete. An ihre Existenz erinnert wurde ich nur jeweils am Tag der Turnstunde. Denn sie durfte, sehr von mir beneidet, früher nach Hause gehen. Elvira war herzkrank. Was das eigentlich bedeutete, darüber dachte ich nicht nach. Sie kam mir vor wie eine Schildkröte, wenn sie ihren kleinen Kopf mit den vorstehenden Knopfaugen auf dem langen, dünnen Hals hin- und herbewegte. Durch ihre weiße Haut sah man dünne Äderchen schimmern und ihre Lippen erschienen ein wenig bläulich. Sie war eine gute Schülerin. Eines Morgens blieb ihr Platz leer. Leokadia teilte uns mit, daß Elvira in der Nacht zuvor gestorben sei. Wir mußten aus den Bänken treten, uns zum Kreuz, das über der Tür hing, wenden und länger als sonst beten. Einigen Mädchen kamen die Tränen. Paula, die nicht ankam bei der strengen Leokadia, versuchte ein letztes Mal, deren Herz zu gewinnen, indem sie in lautes Schluchzen ausbrach. Ich weinte nicht. Ich horchte in mich hinein und bemerkte entsetzt, daß mir der Tod dieses Mädchens

völlig gleichgültig war. Ich wußte auch nicht, warum ich Mitleid haben sollte. Mir erschien der Tod als etwas durchaus Willkommenes, und ich hielt es für weit schwieriger, das Leben mit seinen Qualen zu bewältigen, als so einen kurzen Schritt vom Diesseits ins Jenseits zu tun. Fast beneidete ich Elvira. Galt ihr doch plötzlich die Aufmerksamkeit und das Mitgefühl aller, hatte sie doch »ihr Leben lang still und geduldig ihr großes Leid ertragen und erlitten.« So sagte Leokadia. Diese Worte gefielen mir sehr und ich wünschte, sie wären für mich gesagt. Stattdessen hielt man mich für laut und lustig, ganz bestimmt nicht für »tief«. Daß Elvira ein »tiefer Mensch« gewesen sei, behaupteten nun alle.

Am nächsten Morgen fand in der kleinen Klosterkirche ein Gottesdienst für sie statt. Der alte Geistliche Rat, der Seelsorger der Nonnen, hielt die Messe. Das nahm uns die Andacht, denn der zappelige kleine Mann hantierte auf dem Altar herum wie in einer Küche, riß die Hände schnell auseinander, schlug sie wieder zusammen und schnarrte den lateinischen Text betonungslos, rasant herunter.

Die Schülerinnen füllten die Kirche bis hin zur Glasscheibe, hinter der die Nonnen in einem eigenen Raum knieten.

Elvira zu Ehren gingen wir alle zur Kommunion.

Wieder weinten einige Mädchen, wieder schluchzte Paula hell auf und wieder verspürte ich gar nichts außer einem gewissen Neid auf etwas so Interessantes wie eine Herzkrankheit.

Und während ich so dakniete und mich darüber ärgerte, daß mir die Tränen nicht kamen, fiel mir eine Mitschülerin aus der Volksschule ein, für die ich ungleich mehr

Mitleid empfunden hatte. Sofie, ein Flüchtlingsmädchen, das zusammen mit seiner großen Familie und vielen anderen ebenso großen Familien hinten in der Jugendstraße in Baracken gewohnt hatte, hatte an Knochenkrebs gelitten. Alle halbe Jahre wurde ihr eine Zehe abgenommen, der Reihe nach, angefangen bei der großen. Niemand hatte für Sofie gebetet, und Messen waren auch keine abgehalten worden. Sie starb indessen nicht während der Zeit, die sie zu uns in die Schule ging. Angeblich wurde sie geheilt durch einen Mann, der kleine Stanniolkügelchen an Kranke verteilte, Gröning hieß und ein Scharlatan gewesen sein soll. Was aus Sofie geworden ist, weiß ich nicht, die Flüchtlinge verließen die Baracke. Damals hatte Sofie noch drei von insgesamt zehn Zehen.
Vor und zurück liefen meine Gedanken in der kleinen Kirche, kreisten um Tod und Krankheit, um meine Zukunft und meine einsame, unglückliche, heiße Liebe.
An diesem Abend würde Brüdern Premiere haben, diesmal in den Kammerspielen. Meine Eltern besaßen dort ein Premierenabonnement. Ich hatte vergeblich gebeten, mitgenommen zu werden. Aber wenigstens hinbegleiten wollte ich die Eltern, einen Hauch der Luft einatmen, die um das Haus wehte, auf dessen Bühne er stehen würde. Das wurde mir erlaubt.
Nachdem Papa und Mama in einem der beiden Eingänge des Theaters verschwunden waren, nicht ohne mir einzuschärfen, sofort wieder nach Hause zu gehen, rannte ich um den Block herum zum Bühneneingang. Ich kam zu spät, Brüderns Auto stand schon da. So unglücklich und traurig, wie man nur mit fünfzehn sein kann, schlurfte ich durch die damalige Herrnstraße, die man inzwischen in Falckenberg-Straße umbenannt hat, gelangte zurück zur

Maximiliansstraße und blieb unschlüssig vor dem Theater stehen, bis ein Mann auf mich zukam mit der Frage: »Darf ich Sie zu einem Glas Rotwein einladen?«
»Naa«, sagte ich erschreckt und rannte, was das Zeug hielt, nach Hause.
Erst im Wohnzimmer, vorm Spiegel, spielte ich mir vor, wie ich die Einladung hätte ablehnen oder annehmen können, geziert, damenhaft, kokett, hochmütig – eine Menge Varianten fielen mir ein und ich schämte mich halb zu Tode wegen meines breiten, bayerischen »naa«, meines dummen, kindischen Benehmens. War es denn so schwer, erwachsen zu werden? Wie macht man das? Und warum hatte mich der Mann ausgerechnet zu Rotwein eingeladen? Rotwein! Ich dachte lange darüber nach.

Im Mai hatte ich noch immer keine Stellung, im Juni griff Major Thuman ein, erinnerte Papa daran, daß der Präsident einer Versicherungsgesellschaft während des Krieges seine Farbtöpfe gehalten hatte, trat selber mit diesem in Verbindung und verhalf mir zu der Möglichkeit, mein Zwischenzeugnis und meinen Lebenslauf im Personalbüro des Riesenbetriebes einreichen zu dürfen.
Ich erhielt ein kurzes Schreiben, in dem stand, ich hätte mich am soundsovielten um soundsoviel Uhr auf Zimmer soundso einzufinden.
Dort traf ich auf einen in jeder Beziehung – Anzug, Haare und Gesicht – grauen Herrn, der mir erklärte, man hätte sich mein Zeugnis angesehen, aber ich hätte noch eine Prüfung abzulegen.
Er brachte mich in einen Saal, in dem sich innerhalb von wenigen Minuten an die zwanzig andere Mädchen einfanden. Man setzte uns an Schreibmaschinentischchen,

hinter dort befindliche Schreibmaschinen. Wir fanden außerdem liniertes Papier und zwei Bleistifte vor.
Eine Dame, die dem grauen Herrn aufs Haar glich, diktierte uns zuerst in Steno, dann hieß sie uns das Stenogramm in die Maschine übertragen. Anschließend folgte ein Diktat direkt in die Maschine.
Nach Beendigung desselben wies uns die Dame an, die Blätter mit unseren Namen zu versehen und auf den Tischen liegen zu lassen. Danach konnten wir gehen.

Schweigend verließen wir den Saal, ohne einander anzusehen, wir fanden den Ausgang und gingen, jede für sich, unseres Wegs.
Ich war das erste Mal in meinen Leben behandelt worden, als sei ich irgendeine Nummer, als sei ich nicht ich, nicht eine Person, ein Mensch, nicht das Mädchen Monika – vielmehr die Bewerberin Nummer soundso für die freie Stelle mit der Nummer soundso. Ich kam nach Hause und weinte.
»Es geht vor allem darum, daß du unterkommst«, sagte Mama, »wenn sie dich nehmen, müssen wir dankbar sein. So schlimm wird es schon nicht werden. Bedenke, es ist eine Lebensstellung.«

Nach zwei Wochen erhielt ich einen Brief, in dem mir mitgeteilt wurde, ich könne am 1. August 1955 als Anfangsstenotypistin meinen Dienst antreten. Da ich noch keine sechzehn Jahre alt sei, würde man mich in Lohngruppe zehn bezahlen, nach zwei Monaten, nach Vollendung des fünfzehnten Lebensjahres könne ich in Lohngruppe neun aufrücken. Die Arbeitszeit sei täglich von acht bis fünf mit einer halben Stunde Mittagspause, und jeden zweiten Samstag von acht bis vierzehn Uhr. Mit sechzehn Jahren stünde mir ein Jahresurlaub von sechs Werktagen zu.

Meine Eltern bedankten sich bei Thuman.

Das Ende der Geborgenheit

Die letzten Wochen der Schulzeit vergingen wie im Flug. Die Abschlußprüfungen bewältigte ich mit Traubenzukker und Lecithin und, wie alle Prüfungen, ohne besondere Aufregung.
Im Musikunterricht übten wir den »Halleluja«-Chor von Händel, um ihn bei der Abschlußfeier zu singen, und Mama machte bei ihrer Schneiderin einen Termin für mich aus. Ich genoß es, einen Stoff, ein Modell aussuchen zu dürfen, genoß die Anproben und fühlte mich unwiderstehlich schön in dem dunkelblauen Kleid mit weißem Kragen und einem weiten, etwas unterhalb der Taille angesetzten Rock, diesem ersten für mich gemachten Kleid! Papa blieb keine andere Möglichkeit, als mir dazu neue Schuhe zu kaufen, Pumps, vorne weit ausgeschnitten, mit drei Zentimeter hohen Absätzen! Endlich keine Halbschuhe zum Schnüren mehr!

An einem der letzten Schultage, nachdem die Abschlußfeier stattgefunden hatte und die Zeugnisse verteilt waren, begegnete ich Mater Gislinde, der Baronesse, auf dem Gang. Sie fragte mich, ob ich sie auf einem Spaziergang entlang der Klostermauer begleiten wolle.
Oh ja, ich wollte gern, aber Mater Leokadia . . .
Die würde nichts dagegen haben, meinte Gislinde.

Mit leichtem Schritt überquerte sie den Platz, auf dem ich nun nicht mehr in der Pause herummarschieren würde, und schlug zuerst den Weg durch den Gemüsegarten ein.
»Von deinem Vater weiß ich, daß du eine Stelle in einem Büro antrittst«, eröffnete sie das Gespräch, »das tun die meisten anderen auch.«
Wir kamen an der Schaukel vorbei, auf der man zu sechst sitzen konnte, und die von zwei stehenden Mädchen in Bewegung gesetzt und gehalten werden mußte.
»Nie mehr«, dachte ich.
»Hier«, sagte Gislinde, »haben wir einmal die Gartenszene aus ›Maria Stuart‹ gespielt, weißt du es noch? Paula war die Stuart und du die Elisabeth.«
»Ich möchte zum Theater«, brach es aus mir heraus. »Ich will nicht ins Büro, ich hasse es, schon jetzt. Aber mein Vater erlaubt nicht, daß ich auf eine Schauspielschule gehe, und außerdem bin ich dazu noch zu jung und außerdem muß ich mir das Geld dafür selber verdienen, er gibt mir keinen Pfennig, hat er gesagt, er unterstützt so einen Schmarrn nicht und dabei geht er doch selber leidenschaftlich gern ins Theater. Er versteht mich nicht, er will mich nicht verstehen. Schneiderin hätte ich seiner Meinung nach werden sollen. Ich hasse nähen, ich kann es nicht, ich lerne es nie. Ich bin ja so unglücklich.«
»Man muß vor allem demütig sein«, sagte Gislinde und blieb stehen.
Wir sahen einander an. Ich wußte schon damals, daß Demut etwas war, worum sie selber schwer zu ringen hatte.
»Was heißt das?«, wollte ich wissen.
»Demut meint, man soll die Aufgaben, die einem das Leben stellt, seine Forderungen, nehmen, wie sie aus

Gottes Hand kommen. Nicht der Hochmut darf den Menschen beherrschen, er muß lernen, sich zu fügen.«

»Dann soll ich also nachgeben, soll etwas tun, was ich überhaupt nicht will, was nicht einmal besonders nützlich ist und jede andere an meiner Stelle machen kann, soll die anderen auf mir herumtrampeln lassen? Was habe ich davon, wenn ich Schneiderin werde oder ins Büro gehe? Verstehen Sie doch, Mater, ich kann nicht anders, ich muß einfach Schauspielerin werden. Außerdem bin ich auch noch verliebt.«

»Das weiß ich.«

»Von meinem Vater, hat Papa? ...«

»Nein, er und ich, wir sprechen zusammen nur über die Arbeiten, die er bei uns ausführt, über Rechnungen, über Termine. Daß du verliebt bist, sieht man dir an.«

»Es handelt sich um einen Schauspieler, er ist zwanzig Jahre älter als ich und verheiratet und nicht zum ersten Mal. Er hat nur ein Bein. Ich, ich ... Und meine Mutter hat ein Kästchen, ein verschlossenes Kästchen aufgebrochen und alles über ihn und mich in dem Tagebuch, das ich darin aufbewahre, nachgelesen. Ich hasse meine Mutter. Ich hasse auch meinen Vater.«

»Du hast besonders wertvolle Eltern. Sie wollen dein Bestes. Urteile nicht über den Fehler deiner Mutter. Es war die Sorge um dich, die sie trieb. Und rede nicht schlecht über deinen Vater. Er ist ein ehrlicher, gerader, warmherziger Mensch, er ist ein sehr besonderer Mann.«

»Aber was soll ich tun?«

»Du hast eine Stelle im Büro, tritt sie an.«

»Sie ahnen ja nicht, was das heißt! Ich war dort, bei der Prüfung, es ist schrecklich.«

»Vieles im Leben ist schrecklich.«

»Wie können Sie das sagen, Sie, eine Klosterfrau?«
»Ja, schrecklich und ohne Demut nicht zu bewältigen. Beuge dich, jeder von uns muß es tun – muß sich beugen.«
»Wenn ich zum Theater will, nützt mir Demut gar nichts, da brauche ich Kraft, Kraft für den Kampf gegen alle, zuerst gegen Papa.«
»Ich glaube nicht«, sagte sie und sah mich lange und eindringlich an, »daß aus dir eine Schauspielerin wird.« Und leise, so, daß ich es kaum hören konnte, setzte sie hinzu, während wir auf dem schmalen Weg unter den Bäumen weitergingen und der Wind leicht ihren schwarzen Schleier bewegte: »Vielleicht solltest du schreiben, das könnte ich mir eher denken.«

Die Schule endete am fünfzehnten Juli 1955.

Mater Gislinde ist einige Jahre später von München in ein Kloster draußen auf dem Land strafversetzt worden. Dort mußte sie Bauernmädchen Handarbeiten lehren, ein Fach, das sie niemals unterrichtet, von dem sie keine Ahnung hatte.

Ich besuchte sie. Lange gingen wir, nach der kurzen Begrüßung, schweigend durch den Garten, der auch dieses Kloster umgab.
Ich erzählte, daß ich nun Schauspielerin sei.
»War es schwer zu erlernen?«, fragte sie.
»Man erlernt es nicht, man erkämpft es eher«, antwortete ich.
»Nichts ist so hart, wie der Kampf um die Demut«, antwortete sie.

Gertrud von Hilgendorff

Ein Wald voller Nüsse

Roman einer Jugend

348 Seiten · Leinen

Dies ist die Geschichte einer Kindheit und Jugend, enger gefaßt: eines Mädchens, das Geschöpf der Autorin ist und zugleich sie selbst.
Nur die Tatsache der Autobiographie rechtfertigt den Roman, dessen Handlung so unvorstellbar ist, daß auch schriftstellerische Freiheit nicht das Recht hätte, sie zu erfinden: zu tief sind die Wunden, die man dem wehrlosen Kind während seiner Odyssee durch mehrere Klosterinternate schlägt. Doch wäre es falsch anzunehmen, daß es sich in dieser Chronik um eine effektvoll beschriebene Passion handelt.
Gertrud von Hilgendorff, die in München geboren wurde und heute als freie Schriftstellerin in Wien lebt, schildert in »Ein Wald voller Nüsse« ihre Kindheit ohne Larmoyanz, verdichtet zwar, doch nicht weiter von der Wahrheit entfernt, als es dem Zeugen erlaubt ist.